基于证据的新课程教学改进丛书

丛书主编 刘 坚 姬文广

U0646272

新课程

聚焦项目学习的
初中数学教学改进

綦春霞 白永潇 曹 辰 著

北京师范大学出版集团
BEIJING NORMAL UNIVERSITY PUBLISHING GROUP
北京师范大学出版社

图书在版编目（CIP）数据

聚焦项目学习的初中数学教学改进 / 綦春霞，白永潇，曹辰著. -- 北京：北京师范大学出版社，2025.6.
（基于证据的新课程教学改进丛书）. -- ISBN 978-7-303-30388-5

Ⅰ. G633.602

中国国家版本馆 CIP 数据核字第 20258WQ484 号

出版发行：北京师范大学出版社 https://www.bnupg.com
　　　　　北京市西城区新街口外大街 12-3 号
　　　　　邮政编码：100088
印　　刷：北京同文印刷有限责任公司
经　　销：全国新华书店
开　　本：710 mm×1000 mm　1/16
印　　张：14
字　　数：201 千字
版　　次：2025 年 6 月第 1 版
印　　次：2025 年 6 月第 1 次印刷
定　　价：52.00 元

策划编辑：邓丽平　林　群　　　　责任编辑：林　群
美术编辑：胡美慧　王　蕊　　　　装帧设计：李尘工作室
责任校对：段立超　陈　民　　　　责任印制：孙文凯

基于证据的新课程教学改进丛书
编 委 会

循证改进教学　发展核心素养

（代序）

　　教育乃国家发展、民族复兴的基石。在世界格局复杂多变的 21 世纪，如何通过发展高质量教育，提升青少年的综合素质及解决实际问题的能力，从而提升整个国家的国际竞争力，是教育工作者需要不断思考的问题。教学改进是提高教育质量的有效途径之一，教师是教学改进和教育改革的关键力量。"基于证据的新课程教学改进"丛书，在顺应发展学生核心素养的新课程改革趋势的同时，借鉴国内外改进科学研究的经验，以提升教师教研水平、提高教师教学实践能力为抓手，通过数据驱动促进区域教育高质量发展，激发学生学习兴趣，发展学生高阶能力。

　　我们开展的教学改进，缘起于郑州市义务教育质量健康体检项目，依托于郑州市义务教育质量提升项目。自 2012 年以来，北京师范大学区域教育质量健康体检项目团队用持续 8 年的时间，在郑州市共实施了 7 次全域范围的大规模教育质量监测与数据分析反馈活动。数据全面、直观地反映出不同学校或地区、不同年份义务教育质量发展图谱，构建了迄今为止全国范围内历时最长、规模最大的区域教育综合质量数据库。郑州市义务教育质量提升项目作为"郑州市义务教育质量健康体检"项目的延续和深化，充分整合和利用项目体检数据，将教育评价过程中发现的重大问题、普遍规律与郑州市中小学教育实践相结合，服务于郑州市义务教育质量提升。郑州市义务教育质量提升项目于 2020 年启动，共涉及 9 个学科，分别依托郑州市的 5 个城区、20 多所中小学样本学校、300 多名骨干教师，开展了持续 2 年的探索与实践。项目组织以高校教授为首席专家的小学语文、小学数学、小学科学、初中语文、初中数学、初中英语、初中科学、初中历史、初中道德与法治 9 大学科团队，协同郑州市教育局及教研室、学科所依托的区教育局和教研室、教研员和广大骨干教师，开启区域教学改进之路。

本套丛书的编写，既关注国家义务教育新一轮课程标准关于发展学生核心素养的改革需求，也注重将教学改进过程中的理论与实际相结合，更注重基于证据的精准教育引领。丛书的编写遵循以下四个理念。

(1)关注发展学生核心素养，有助于落实国家义务教育课程标准(2022 年版)精神。第一，各学科均基于连续多年的区域义务教育质量监测数据，挖掘数据中隐含的规律，选择与学生核心素养发展密切相关的教学改进主题，关注学生的高阶能力与综合素质发展。第二，各学科通过呈现内容丰富、形式多样的教学改进课程设计，启发读者深刻理解新课程理念如何在实际教学中体现与运用，如何基于学生的成长和发展设计与改进教学，从而有效推动新课程标准在日常课堂落地落实。

(2)教育理论与教学实践有机融合，呈现真实发生的教学改进故事。第一，各学科通过呈现教学案例如何随着教学改进的深入不断迭代的过程，通过分析教学案例带来的有关教育理念与课堂教学的深刻启发等，达成了教育理论与教学实践相融合的目标。第二，通过关注教学改进过程中教研共同体的建设及教师的个案研究，呈现学员教师如何通过课堂展示、观点分享、交流研讨将所学的教育理论运用到实际的课堂教学中，充分体现了教学改进促进学员教师自我成长、促进学生主动学习，有效推动了教学改进真实发生。

(3)注重定量与质性数据相结合，基于证据开展教学改进。从数据驱动下的教学改进主题选择、数据驱动下的样本学校选择、数据驱动下的改进课程效果追踪、数据驱动下的课程效果呈现四个方面，全方位、多视角地展示如何运用定量与质性多种数据开展基于证据的教学改进。第一，在数据驱动下的教学改进主题选择方面，各学科均结合郑州市连续多年的义务教育质量监测数据，分析学生能力表现及学习中较为普遍的问题，挖掘数据背后的教育教学规律，继而选择与确定教学改进主题。第二，在数据驱动下的样本学校选择方面，各学科结合参测学校在教学改进主题对应维度上的能力表现水平，重点关注普通学校、普通教师和普通学生的成长，促进教育公平发展。第三，在数据驱动下的改进课程效果追踪方面，通过教学改进过程中的访谈与问卷等多种调研数据，实时了解学员教师的实际需求与课程效果，及时调整教学改进活动规划。第四，在数据驱动下的课程效果呈现方面，通过课堂观察、访谈、问卷调查、学业测试等多种方式，收集与分析定量数据或质性数据，充分揭示数据背后的变化规律，全面呈现教师教学与学生学习的变化。

（4）教学改进成果可复制、可推广，具有面向全国的辐射力与影响力。第一，教学改进成果中的教学案例具有典型性与代表性，反映了许多学科教师在一线教学时遇到的共性问题，对新一轮课程标准实施过程中全国范围内相关中小学各学科教师面临的教学设计能力提升、教研能力发展等问题具有重要的借鉴与启发作用。第二，教学改进的整体思路、工作机制与改进模型等内容，也是教学改进的一大成果。对于学科教育研究者了解当下最新教育研究课题及研究进展的学术发展需求有积极的启发价值；对于教师教育研究者、教育行政与管理人员开展教师研修工作具有积极的参考与启发价值。

由北京师范大学出版社出版的"基于证据的新课程教学改进"丛书，系统反映了上述四个理念。在上述理念指导下，丛书遵循教学改进基本规律，围绕教学改进设计、教学改进实践、教学改进效果三个方面阐述基于证据的新课程教学改进。在书稿中体现为上篇（教学改进设计）、中篇（教学改进实践）、下篇（教学改进效果）。各册书稿围绕本学科的改进主题呈现出一定的学科特色，上篇、中篇、下篇的标题虽不完全相同，但其本质均分别对应教学改进设计、教学改进实践、教学改进效果，具有总体逻辑架构的统一性。丛书包括8个学科分册，分别由各学科的首席专家及执行负责人，即语文学科的郑国民教授、吴欣歆教授，小学数学学科的张丹教授，小学科学学科的刘晟副教授，初中数学学科的綦春霞教授，初中英语学科的罗少茜教授，初中科学学科的张殷教授，初中历史学科的张汉林教授担任各分册主著，各分册的主要作者都是研究团队的核心成员。郑州市义务教育质量提升项目的研究与探索得到了郑州市教育局、郑州市教研室等区域协同合作单位，以及多所参加教学改进项目的学校的大力支持，在此一并表示感谢！感谢北京师范大学出版社对本套丛书出版的大力支持！

　　丛书所选取的素材主要来源于郑州市义务教育质量提升项目，丛书主体内容兼具学术性与实践性，面向广大一线教师及教研员、学科教育研究者、教师教育工作者，受众群体广泛。无论学生核心素养的发展还是基于证据的教学改进，研究与实践都才刚刚开始。路虽远，行则将至；事虽难，做则必成。在实现高质量教育的征途上，让我们携手同行！

刘坚

2024 年 9 月于北京师范大学

前　言

2020—2022年，北京师范大学受河南省郑州市教育局委托，开展郑州市义务教育质量提升项目。初中数学学科专家团队在深度挖掘郑州市历年教育质量健康体检数据，以及详细征询区域与样本校实际改进需求的基础上确定了教学改进的主题。

2020—2021年，项目组将改进的主题定位于"促进代数推理和问题解决能力提升的数学教学"，取得了初步的成果，发现数学问题解决能力表现与教师问题解决的教学方式存在显著相关。项目组于教学改进后期进行了项目学习的培训和教学实践，试图通过引领一线教师进行项目学习进一步优化教学方式，促进学生问题解决能力的进一步提升，从而更好地发展学生的高阶思维能力。

作为指向未来社会的新型学习方式，项目学习得到国内外研究者和实践者极大的关注。项目学习是育人标准、教学内容、学习方式、评价方式四位一体的系统变革。在这样的背景下，基于第一年的教学改进实践的成果和需求，项目组于2021—2022年将改进主题进一步聚焦为"数学项目学习的设计与实施"，并制订了基于证据的教学质量改进实施方案。教学改进的目的是通过组织和引导初中数学教师开展基于项目学习的教研活动，在实现教学改进的同时，形成一支稳定的、具有较高水平的、善于与同行开展有效研讨与合作的初中数学教师队伍。

在两年的教学改进实践中，项目组采取"集体备课—嵌入式讲座—课堂教学实践—反思交流"的形式，选取典型单元和典型内容进行改进活动。通过嵌入式专题讲座，加强了教师对代数推理、项目学习、教学设计与实施等理论知识的理解。通过教学改进实践，形成了项目学习的系列教学案例，同时通过调查、访谈和测试等，还获得了教学改进效果的相关证据。

回顾聚焦项目学习的教学改进过程，项目组对于项目学习和教学改进有了更为清晰的认识。通过梳理、总结、归纳和提炼，本书分为教学改进设计、教学改进实践和教学改进效果三篇，共九章内容。上篇包括教学改进主题的确定、教学改进主题的内涵及研究进展、教学改进课程设计三章内容；中篇包括项目学习课程资源开发、项目学习课堂教学实施、改进实践中形成的工作机制三章内容；下篇包括教学改进对教师专业发展的影响、教学改进对学生发展的影响、教学改进案例成果三章内容。

在本书出版之际，特别感谢本项目所有指导教师的辛勤劳动，感谢项目秘书高胜前和林秋实同学的深度参与，感谢郑州市各级教育行政领导的大力支持和教研部门王红远老师优质、高效的工作，感谢参与教学质量改进与提升工作的三所样本校的校长、骨干教师和学生的投入与付出，这本书凝聚着大家的智慧和汗水，在此一并表达我们由衷的感激之情。

由于编者水平所限，书中难免有纰漏和不足之处，敬请各位同行读者不吝赐教。

綦春霞

2024 年 7 月于北京师范大学

目　录
CONTENTS

上 篇

教学改进设计

本篇包括教学改进主题的确定、教学改进主题的内涵及研究进展和教学改进课程设计三章内容，较为全面地介绍初中数学学科教学改进项目开展的背景、主题和课程设计。首先，结合大规模测试数据和国际研究发展趋势，以及与数学课程标准的契合度三个方面确定了教学改进的主题，改进主题经历了不断聚焦的过程，最后确定为"数学项目学习的设计与实施"。其次，对于主题中"项目学习"这一核心词的相关理论和研究进展进行了梳理，作为教学改进的基础。最后，阐述了教学改进课程设计的依据、理念、原则，以及课程目标、内容和评价等内容。

第一章　教学改进主题的确定

【本章提要】

郑州市义务教育质量综合评价蓝皮书是开展改进与提升工作的指引和起点。初中数学学科教学改进主题的确定考虑了以下三个方面：大规模测试数据、国际研究发展趋势、与数学课程标准的契合度。初中数学教学改进主题经历了不断聚焦的过程，2020—2021学年确定了教学改进主题为"促进代数推理和问题解决能力提升的数学教学"，并在开展过程中将项目学习作为问题解决能力提升的主要方式；2021—2022学年，将教学改进主题聚焦为"数学项目学习的设计与实施"。

一、大规模测试数据驱动

如何充分发挥测评对教学的诊断与指导作用，是近年来教育界关注的热点问题。2020年9月，北京师范大学中国基础教育质量监测协同创新中心启动了"郑州市教育质量健康体检与改进提升项目"，基于学生的测评数据开展教学改进，目标是精准改进教师教学和学校教研。基于郑州市八年级学生测试结果，以及区域监测反馈报告中专题研究的结论，项目组重点考查了问题解决能力、推理能力以及高阶思维的表现。

(一)问题解决能力的测试结果

关于问题解决，目前的研究没有统一的界定，比较盛行的是由纽厄尔（Allen Newell）和西蒙（Herbert Alexander Simon）提出的定义，即问题是个体想要做某件事但又不能马上知道完成这件事所需要执行的一系列的行动而出现的情境①。一般认为，数学问题解决能力是指个体参与一个未能即时获取明显数学问题方案

①NEWELL A，SIMON H A. Human problem solving[M]. Englewood Cliffs，NJ：Prentice-Hall，1972.

的认知情境中所表现出的理解和解决能力，它包括个体参与问题解决的意愿和动机。在我国 2022 年版义务教育数学课程标准的学业质量中，对问题解决能力的评价综合考虑了数学内容和认知过程，并且也涉及数学思考过程中非认知因素的参与。

2016 年，项目组对郑州市参测学生的"问题解决能力"进行了专题研究，其中"八年级学生数学问题解决能力总体表现如何？"成为一个主要研究问题。项目组设计了测试卷和问卷对学生数学问题解决能力的表现及影响因素进行探查。

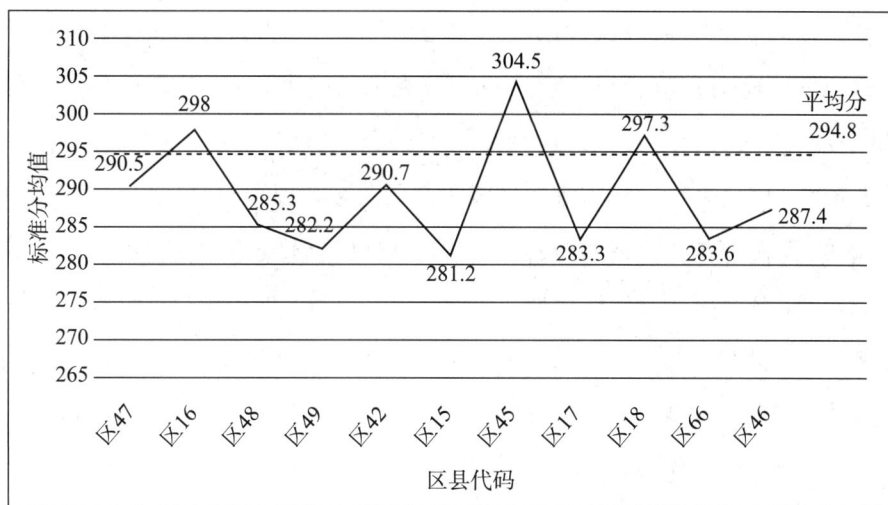

图 1-1　2016 年郑州市不同区县八年级学生数学问题解决能力的总体表现

其中，高新区（区 16）为教学改进项目的实验区。由图 1-1 可知，区 16 八年级学生数学问题解决能力得分为 298 分，高于郑州市八年级学生的平均分 294.8 分，在全市范围内排名靠前，但比排名第一的区 45 低 6.5 分。

对八年级学生的数学问题解决能力表现与教师针对问题解决的教学方式进行相关性分析，结果表明，两者存在显著相关。可见，为进一步提高学生的问题解决能力，开展教学改进是极为重要的。在未来数学课堂教学中，如何进一步加强问题情境的创设，让学生切实经历运用数学知识解决实际问题的过程是值得关注的。

(二)推理能力的测试结果

数学推理的对象是表示数量关系和空间形式的数学符号;数学推理的依据主要来自问题所在的数学系统;数学推理是环环相扣连贯进行的符合逻辑的过程。我国《义务教育数学课程标准(2011年版)》分别从合情推理与演绎推理两方面阐述了数学推理的内涵:合情推理是从已有的事实出发,凭借经验和直觉,通过归纳和类比等推断某些结果;演绎推理是从已有的事实(包括定义、公理、定理等)和确定的规则(包括运算的定义、法则、顺序等)出发,按照逻辑推理的法则证明和计算。合情推理与演绎推理密切相关。合情推理是获得猜想的途径,反映了数学结论的发现过程,而演绎推理旨在由已知判断来确认猜想的真假,其过程是严谨的。

我国义务教育数学课程内容领域分为数与代数、图形与几何、统计与概率、综合与实践。推理能力所涉及的内容领域,不仅仅局限在图形与几何,还可以涵盖代数推理、统计推理等。代数推理作为解决代数问题的一种推理方式,是构建概念知识的主要思维活动。相关研究表明,学生在理解代数思想方面存在困难,从静态算术到动态代数、从具体对象到形式符号、从具体思维到一般性思维,学生都面临着相当大的困难。

2017年,项目组将数学推理按形式结构划分为合情推理和演绎推理两大类,对郑州市参测学生的"推理能力"进行了专题研究。专题研究中对数学推理能力的具体内涵阐述如下:对数学对象(概念、性质、规则、定理等)进行观察、实验、归纳、类比等逻辑性思考,从而作出猜想,进而寻求证据、给出证明的综合能力。

图1-2和图1-3分别展示了2017年郑州市不同区县学生的合情推理表现和演绎推理表现。因为所使用的是大样本数据,所以使用效应量Cohen's d值来描述不同群体之间的差异大小。从Cohen's d值来看,除区16和区45外,大多数区域八年级学生的数学推理能力均不太理想。结合课程标准对于代数推理的重视,本项目进一步聚焦于代数推理,期待研究成果能够辐射郑州市全部地区。

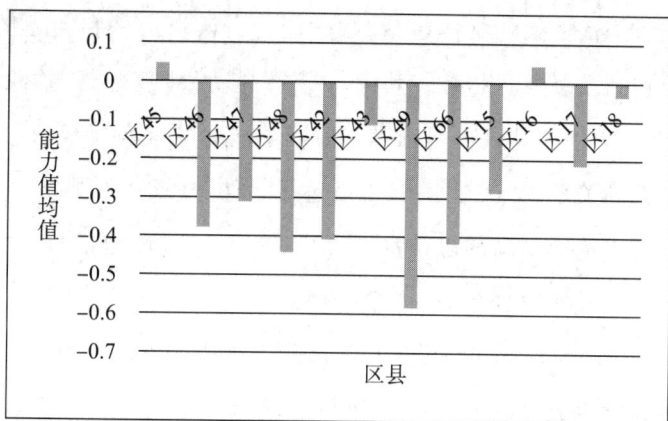

图 1-2　2017 年郑州市不同区县学生合情推理表现

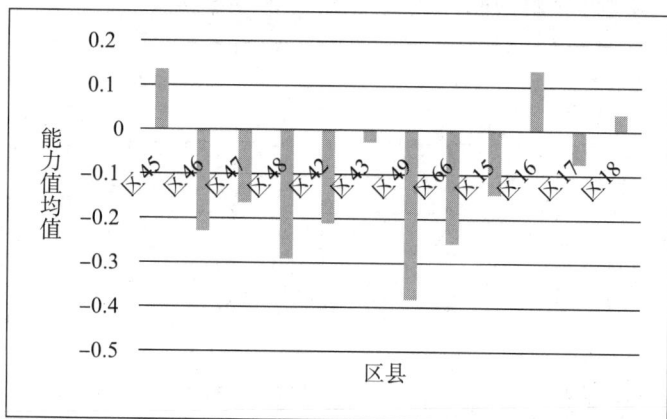

图 1-3　2017 年郑州市不同区县学生演绎推理表现

(三)高阶思维的测试结果

2019 年，项目组以"高阶思维"为主题进行了专题研究。高阶思维是解决复杂问题时以"分析、评价和创造"为核心的心理特征，具体表现为问题解决能力、决策制订能力、批判性思维和创造性思维。数学高阶思维能力是布鲁姆目标分类学认知维度中"分析、评价和创造"在数学活动上的体现，是学生在解决数学情境或生活情境下的复杂或陌生问题时的个性心理特征，具体表现为抽象概括、推理证明和问题解决的能力。

项目组基于文献分析的结果，运用专家评定法，构建了八年级学生数学高阶思维能力的三维测评框架，具体包括"数学能力、认知水平和问题情境"三个维度，各维度下包括二级类目指标。其中，"数学能力"维度包括"抽象概括、推理证明和问题解决"，主要体现的是数学高阶思维能力的核心要素，它们之间是不同思维类型的并列关系；"认知水平"维度包括"分析、评价和创造"，体现学生的认知过程，呈现出从低到高的思维水平；"问题情境"维度包括"数学情境和现实情境"，用以区分问题是数学学科的情境还是与现实生活相关的情境。

图 1-4 展示了郑州市八年级学生数学高阶思维能力整体表现，在认知水平的三个分维度中，学生分析能力较好，评价能力较弱，创造能力中等；学生高阶思维能力的各个分维度中问题解决能力最弱。由此可见，为进一步提升学生高阶思维能力，补齐学生问题解决能力这一"短板"是极为必要的。

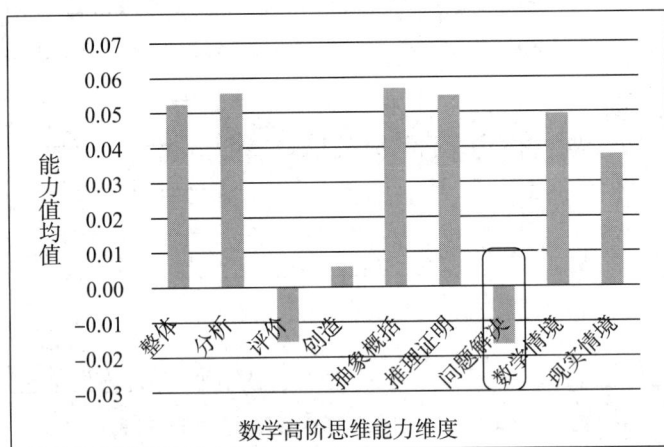

图 1-4　2019 年郑州市八年级学生数学高阶思维能力整体表现

基于以上分析，项目组将教学改进的主题初步定位于"促进代数推理和问题解决能力提升的数学教学"。从学科视角出发，进一步突出代数推理能力，鼓励学生理解数学，超越具体运算和公式的运用，引导教师重视对传统代数课程内容中函数、方程问题的改造，凸显代数课程内容与具体情境的联系，让学生在问题情境中开展推理活动，打破"推理局限于图形与几何的证明过程中"的想法，拓展代数推理的发展空间。同时，试图通过教学方式的优化，促进学生数学问题解决能力的进一步提升，更好地发展学生的高阶思维能力。

二、符合国际研究发展趋势

随着全球化进程的加快与科技的迅猛发展，现代社会对人才的需求发生了深刻变化。英国和澳大利亚率先启动了核心素养的研究，进而扩展到美国以及欧盟地区，有关核心素养的理念开始在全球范围内产生影响。美国提出了 21 世纪 4C 技能，涵盖了批判性思维、沟通能力、合作能力和创造力，在该框架下，代数推理能力和问题解决能力成为数学教育的重要组成部分。国际学生评估项目（Programme for International Student Assessment，PISA）自 2000 年启动以来，已成为全球教育评估和对比的重要工具。PISA 数学测评历来关注学生数学素养的发展，在 PISA 2021 数学测评框架中，加强了对学生真实情境中复杂信息处理能力的考查；凸显了数学推理在数学建模中的核心地位，提高了数学推理分值占比；强调数学以解决问题为根本目的，学生在解决实际问题和应对复杂任务时，能否合理有效地运用所学知识，将直接影响他们的表现。在《义务教育数学课程标准（2022 年版）》中，代数推理能力被明确列为学生数学学习的重要目标。代数推理能力不仅是学生进行数学思考的基础，也是他们在面对复杂情境时能够进行系统性分析和解决问题的关键能力。为了应对未来社会的挑战，培养学生"做事"的能力，项目学习得到了全球教育界的广泛关注。项目学习倡导学生主动探究、团队合作和跨学科思维，帮助学生在解决具体问题的过程中，更好地培养批判性思维、创造性思维，以及沟通与合作能力。

从国际教育研究和实践的发展趋势可以看出，未来的教育将更加注重培养学生的核心能力，强调学生应具备适应复杂社会需求的各类核心技能，推理能力、问题解决能力成为重要的教育目标，项目学习成为重要的实践策略。

（一）代数推理能力

推理能力是一种重要的数学能力，不仅对学生的思维发展有促进作用，还在人们做出选择和决策中起着重要作用，它已经成为人类生活共通的技能，是每一个公民所必需的文化素养。培养学生的推理能力应当作为数学教育的中心任务，这是第 24 届国际数学家大会上数学教育研究者达成的基本共识。在国外，培养学生的代数推理能力是代数课程的主旨，美国、英国和澳大利亚的课程框架或标准对学生的代数推理能力都提出了较为详细的要求①。

从教育目标来看，代数和代数思维是数学素养不可缺少的组成部分。目前，学生会在初中阶段学习大量的代数内容，但更多侧重于代数计算，代数推理相对欠缺。其实代数推理的基础在小学早期就已经奠定，学生在小学时就学会了对数字、模式和等价推理的归纳。例如，确定两个代数式是否相等是理解等式的性质和求解方程的基本技能，当决定一个给定的量对一个任务来说是"足够"还是"不够"，以及下一步可能需要采取什么措施时，这个技能是必要的。因此，代数推理应在初中生学习数学的过程中扮演重要角色。

(二)问题解决能力

问题是一切学问的来源，是推动科学发展的主要动力。数学教育的主要目的之一是发展学生解决问题的能力，教会学生思考。② 数学问题解决能力在数学探索、发现和创新过程中具有不可或缺的作用，国内外学者普遍关注数学问题解决能力，并将其作为一种重要的学科素养引入国内外课程改革与国际评价的浪潮中。1980 年，全美数学教师协会在《关于行动的议程——关于 80 年代中学数学的建议》中把问题解决作为 80 年代数学课程的核心。1982 年，英国 Cockcroft 报告指出，数学教育的核心在于培养解决问题的能力。1984 年，第五届国际数学教育大会的专题报告强调了培养应用数学解决问题的能力。1990 年，新加坡数学教学大纲将发展学生数学问题解决能力列为数学课程的基本目标，首次提出了数学课程框架的五边形模型，数学问题解决被定位为该框架的核心。

2003 年，美国国家教育进展评估项目将数学评价框架分为五方面数学内容和三方面数学认知过程，主要包括概念的理解、程序性知识和问题解决。与之类

①吴道春．美、英、澳初中代数推理对我国数学教学的启示[J]．中学数学研究，2011(3)．
②PÓLYA G. How to solve it：a new aspect of mathematical method[M]．New Princeton Science Library edition．Princeton：Princeton University Press，2014．

似，在 2003 年的数学和科学成就发展趋势研究中数学评价框架把认知领域分为知道、事实和程序、运用概念、解决常规问题和推理。从 2003 年起，PISA 一直把跨学科问题解决作为重要的素养贯穿于国际学生能力评价的体系中，PISA 2012 更加倡导学生要成为一个积极的问题解决者。问题解决是 PISA 评估的核心关键能力。PISA 2022 测试再次聚焦于数学学科，主要采用基于计算机的数学评价模式，测量学生已有的数学知识以及学生在不同情境下运用数学推理和问题解决的能力。

2016 年，世界教育创新峰会公布了《面向未来：21 世纪核心素养教育的全球经验》研究报告，将"创造性与问题解决能力"列为通用素养中的高阶认知。

综上所述，数学问题解决是个体对问题情境的适当的反应过程，是指向数学学科素养评价的载体，也是影响国内外数学课程教学改革的重要内容。数学教学的主要任务在于发展数学思维，培养分析、解决问题的能力。数学教学过程围绕"数学问题"来展开，随着数学问题的逐步解决，学生逐渐形成解决数学问题的思维方法。如前文所述，学生的数学问题解决能力表现与教师的教学方式存在显著相关，适当的教学和训练会增强学生数学问题解决的表现，进而促进学生问题解决能力的提升。

(三)项目学习

教学思想(Teach Thought)是美国一个致力于教育创新的研究机构，该机构发布的《2018 年美国教育趋势》，揭示了如今美国教育工作者最为关注的 20 个教育发展趋势。其中，项目学习排名第六，得分为 8.8 分(满分 10 分)。

项目学习，也称"项目化学习"或"项目式学习"，一般认为，其理念发端于杜威(John Dewey)的"做中学"及建构主义思想。另有研究从教育学和心理学出发归纳了项目学习的四个理论根基，即主动建构(Active Construction)、情境学习(Situated Learning)、社会交互(Social Interactions)和认知工具(Cognitive Tools)。有关项目学习的理论及应用研究兴盛于 20 世纪 80 年代，在 21 世纪之前取得了为数不多的成果。①

所罗门(Gwen Solomon)使用过程性的方法对于项目学习的内涵进行描述：项目学习中，学习者以小组的形式解决基于课程的跨学科的具有一定挑战性的真实难题；学习者决定解决问题的方法以及需要采取的活动——"收集大量的信息，综合、分析，进而衍生出知识"；这样的学习因为与真实事物相连而具有实际价值——掌握如合作及反思这类的成熟技巧；学生阐述自己习得的知识，评价者对其习得的量以及交流的程度进行评估；整个过程中，教师承担着指导者与建议者的角色，而非只是管理学生的学习。②

托马斯(John W. Thomas)从项目学习特征的角度提出：项目学习需要复杂的任务，学生要基于挑战性问题进行设计、问题解决、决策或者调查活动；整个过程要充分发挥学生的自主性，并且项目学习最终要以产品或陈述等形式结束。与之类似，高志军等认为项目学习就是学习过程围绕某个具体的学习项目，充分选择和利用最优化的学习资源，在实践体验、内化吸收、探索创新中获得较为完整和具体的知识，形成专门的技能和得到充分发展的学习③。杨洁则提出，项目学习是让学生在所创建的学习环境中建构个人知识体系的方法，它允许教师将各种教与学的策略综合运用到项目的规划和实施过程中，帮助学生开发各种智力④。

巴克教育研究所对项目学习的界定被广泛认可，即"项目学习是一套系统的教学方法，它是对复杂、真实问题的探究过程，也是精心设计项目作品、规划和实施项目任务的过程。在这个过程中，学生能够掌握所需的知识和技能"。⑤

另有研究者将项目学习视为一种新的学习模式。例如，刘景福和钟志贤等提出，项目学习是以学科的概念和原理为中心，以制作作品并将作品推销给客户为目

①何声清．国外项目学习对数学学习的影响研究述评[J]．外国中小学教育，2017(6)．
②SOLOMON G. Project-based learning：a primer[J]. Technology & Learning，2003，23(6)．
③THOMAS J W. A review of research on project-based learning[R]. San Rafael，CA：The Autodesk Foundation，2000.
④杨洁．多元智力理论视野下的项目学习[D]．上海：上海师范大学，2004.
⑤巴克教育研究所．项目学习教师指南：21世纪的中学教学法[M]．任伟，译．第2版．北京：教育科学出版社，2008.

的，在真实世界中借助多种资源开展探究活动，并在一定时间内解决一系列相互关联的问题的一种新型的探究性学习模式。①② 胡庆芳等则将项目学习定位于一种教和学的模式，认为这种模式集中关注于某一学科的中心概念和原理，旨在把学生融入有意义的任务完成的过程中，让学生积极学习并进行自主知识建构，以学生生成的知识和培养起来的综合能力为最高成就目标。③

巴克教育研究所在长期的探索中逐渐形成了项目学习设计和实施的"6A"参考框架：真实情境（Authenticity）、严谨规范（Academic Rigor）、知识应用（Applied Learning）、主动探究（Active Exploration）、成人参与（Adult Connections）及评价实践（Assessment Practices）。同时，在研究实践中还形成了一套原则标准，可以归纳为：①驱动问题，是指精心设计的用以推进项目的指引性问题；②明确的学习目标，它规定了项目中知识学习的要求；③充裕的时间保证，它的实施需要在一段完整的时间内持续进行；④师生合作，是指师生在项目学习中应通力合作；⑤促进学习，它对于学生的学习应有实实在在的促进作用。

综上，关于项目学习，研究者形成了以下共识。从教师的角度看，项目学习是一种教学方式，有其特殊的教学原则、流程、关注的要点。从学生的角度看，项目学习是一种学习方式，学生在项目学习中有明确的任务、评价标准，与通常情况下的课堂学习差异较大。整体上看，项目学习是基于活动的教学和学习，不同于通常情况下的基于知识的教学和学习。虽然从表面上看，学生是利用知识完成了任务要求，形成了项目作品，但是从教育的视角看，整个过程是利用项目活动完成了知识的教学和学习。

三、契合新课程标准要求

虽然各个国家对于学生未来具备的能力在细节上有所差异，但普遍认为未来社

---

①刘景福，钟志贤．基于项目的学习（PBL）模式研究［J］．外国教育研究，2002，29（11）．

②高志军，陶玉凤．基于项目的学习（PBL）模式在教学中的应用［J］．电化教育研究，2009（12）．

③胡庆芳，程可拉．美国项目研究模式的学习概论［J］．外国教育研究，2003，30（8）．

会需要的是更加全面发展的人，学生需要具备更为丰富的知识。现行教育忽视了很多学生应该具备的能力。就数学学科而言，代数推理能力是《义务教育数学课程标准(2022年版)》才明确提出的学生能力之一，而问题解决能力则在历次课程改革中都备受重视。

(一)代数推理能力

学生在初中阶段开始正式学习代数，代数推理是探索数学结构的算术，代数课程是重要的培养学生代数推理能力的内容载体。

《全日制义务教育数学课程标准(实验稿)》第一次明确提出"符号感"。《义务教育数学课程标准(2011年版)》将"符号意识"列为十个关键词之一，并提出："符号意识主要是指能够理解并且运用符号表示数、数量关系和变化规律；知道使用符号进行运算和推理，得到的结论具有一般性。建立符号意识有助于学生理解符号的使用是数学表达和进行思考的重要形式。"这两版课程标准尽管没有明确提出代数推理，但其中蕴含了代数推理的相关表述。

2022年，教育部正式颁布了《义务教育数学课程标准(2022年版)》，在课程内容"数与代数"的"代数式"部分增加了"了解代数推理"，强调运用公式、等式(不等式)的基本性质进行运算，在日常教学过程中渗透代数推理成为教师教学中探讨的重要方面。由此可见，本项目于2020年将研究主题定位于"代数推理"具有一定的前瞻性。

(二)问题解决能力

《义务教育数学课程标准(2011年版)》强调现实性问题解决能力的培养。例如，在目标中提出培养学生问题解决能力，将"模型思想""应用意识""创新意识"等作为重要的思想贯彻到课程中，这些都在强调要学会从数学的角度发现问题和提出问题，应用数学知识解决实际问题，增强应用意识，提高实践能力。同时，设置了"综合与实践"，旨在建立知识之间、知识与生活之间的联系。

《义务教育数学课程标准(2022年版)》的课程目标部分，提出了用"三会"表达的核心素养，具体可以描述为：会用数学的眼光观察现实世界；会用数学的思维思考现实世界；会用数学的语言表达现实世界。核心素养在初中阶段主要表现为：抽象能力、运算能力、几何直观、空间观念、推理能力、数据观念、模型观念、应用意识、创新意识。"模型思想/观念、应用意识、创新意识"仍包含其中，同时问题情境得到充分重视。例如，在"学业质量描述"部分提出，"从学生熟悉的生活与社会情境，以及符合学生认知发展规律的数学与科技情境中，在经历'用数学的眼光发现和提出问题，用数学的思维与数学的语言分析与解决问题'的过程中所形成的模型观念、数据观念、应用意识和创新能力等"。

(三)项目学习

在《义务教育数学课程标准(2011年版)》中，除"数与代数、图形与几何、统计与概率"三大内容领域之外，"综合与实践"作为第四个内容领域贯穿于整个义务教育阶段，并建议每学期至少开展一次教学活动。"综合与实践"被定义为一类以问题为载体，以学生自主参与为主的学习活动，它旨在培养学生问题解决能力、应用意识和创新意识，以及帮助学生积累数学活动经验。[1]

2019年6月，中共中央、国务院印发《关于深化教育教学改革全面提高义务教育质量的意见》，明确指出要"融合运用传统与现代技术手段，重视情境教学；探索基于学科的课程综合化教学，开展研究型、项目化、合作式学习"。2022年，《义务教育课程方案(2022年版)》提出要"探索大单元教学，积极开展主题化、项目式学习等综合性教学活动，促进学生举一反三、融会贯通，加强知识间的内在关联，促进知识结构化"，并指出各门课程要用不少于10%的课时开展跨学科主题学习。

《义务教育数学课程标准(2022年版)》延续了2011年版数学课程标准中的"综合与实践"领域，并给出了相关教学建议，"综合与实践领域的教学活动，以解决实际问题为重点，以跨学科主题学习为主，以真实问题为载体，适当采取主题活动或项目学习的方式呈现，通过综合运用数学和其他学科的知识与方法解决真实问题，着力培养学生的创新意识、实践能力、社会担当等综合品质"。2022年版数学课程标

---

[1] 中华人民共和国教育部．义务教育数学课程标准(2011年版)[M]．北京：北京师范大学出版社，2012.

准中还明确提出，"初中阶段综合与实践领域，可采用项目式学习的方式，以问题解决为导向，整合数学与其他学科的知识和思想方法，让学生从数学的角度观察与分析、思考与表达、解决与阐释社会生活以及科学技术中遇到的现实问题，感受数学与科学、技术、经济、金融、地理、艺术等学科领域的融合，积累数学活动经验，体会数学的科学价值，提高发现与提出问题、分析与解决问题的能力，发展应用意识、创新意识和实践能力"。

在《义务教育数学课程标准(2022年版)》中，对于项目学习的教学目标、活动设计和学习评价等方面，也给出了明确的教学建议。

在教学目标方面：项目学习以用数学方法解决现实问题为主，其目标是引导学生发现解决现实问题的关键要素，用数学的思维分析要素之间的关系并发现规律，培养模型观念，经历发现、提出、分析、解决问题的过程，培养应用意识和创新意识。

在活动设计方面：项目学习所涉及的问题，主要是现实世界中的开放性问题，问题解决的前提是将现实问题转化为数学问题。解决数学问题的过程中，要引导学生提出合理假设、预测结果、选择合理的数学方法，对用数学模型表达条件和结果之间的关系有清晰的认识，并利用真实情境检验模型、修正模型，形成新的物化成果，包括项目产品、小论文或研究报告等。

在学习评价方面：以教学目标为依据，主要包括学生对真实情境中问题的理解，用数学语言表达问题的适切性，结果预测的合理性，关注解决问题的实施方案，解决问题过程中的思考、交流与创意表现，项目研究成果的质量。

综合与实践活动中的项目学习，多是已经学习了数学知识后进行的实践应用，即"学后用"。事实上，这只是项目学习的一种方式。在广义的数学项目学习中，"新知的学习"也可以用项目学习的方式开展，即学生在没有接触、掌握相关数学知识的前提下进行学习，在应用与学习的交互中不断掌握知识，将学习与应用融合在一起进行。

与一般的数学活动课不同，数学项目学习课往往需要相对较长的时间，项目过程少则几节课，多则几周，或者几个月。最为关键的是项目学习课上始终有一个驱动问题作为主线，学生的目的性非常明确，即要完成一个最终作品，而这一点在一般的数学活动课上体现得并不明显。

总之，项目学习是发展学生核心素养的重要方式，学生不仅要基于整个项目发现问题、提出问题、分析问题、解决问题，还要展示探究的过程、分析的结果和进一步研究的问题。在完成以上活动任务的过程中，学生必然经历深度的认知加工，转变和发展已有认识方式，建构新的知识和经验，形成正确价值观、必备品格和关键能力。

第二章 教学改进主题的内涵及研究进展

【本章提要】

初中数学学科教学改进的主题最终聚焦为"数学项目学习的设计与实施",本章将对项目学习的相关理论进行阐述,主要包括项目学习的历史及理论基础、项目学习的含义及构成要素、项目学习的设计原则和实施路径。本章内容也是教学改进项目中理论课程的主要组成部分。

一、项目学习的历史及理论基础

(一)项目学习的历史

项目学习的理念源于16世纪晚期的"设计教学法"。当时对建筑工程的极大需求促使欧洲的一些建筑学校对建筑和工程教育进行改革,通过"设计教学法"来尽快地培养大量合格的建筑工程师,由此开启了设计教学的先河。[1] 1915年,杜威在《明日之学校》一书中描述了对项目教学的各种尝试。例如,在教学中采用丰富多样的方式,纳入技术、实践、社会和艺术等多方面的内容。基于杜威的理论和桑代克(Edward L. Thorndik)的学习心理学理论,克伯屈(William Heard Kilpatrick)首次提出了设计(项目)学习的概念,并阐明这是以学生为中心、注重现实体验的学习模式,同时赋予了"项目"新的定义。[2][3] 20世纪30年代初,传统教育模式中理论与实践相脱离,不能适应社会发展的需要,随着"做中学"的兴盛,项目学习重新走入

---

[1] KILPATRICK W H. Foundations of method: informal talks on teaching[M]. New York: Macmillan Company, 1925.

[2] 杨明全. 核心素养时代的项目式学习:内涵重塑与价值重建[J]. 课程·教材·教法, 2021, 41(2).

[3] KILPATRICK W H. The project method: the use of the purposeful act in the educative process[M]. New York City: Teachers college, Columbia University, 1918.

人们的视野。① 克伯屈和杜威的项目学习思想开始受到关注，广义的项目学习理论在欧洲得到了广泛传播。②

项目学习于 20 世纪 90 年代引入我国，1995 年《科学课》杂志中介绍了项目教学法的价值及其在德国基础教育教学中的应用③。虽然没有明确提出项目学习的概念，但是我国国家课程中的综合实践活动、研究性学习等都关注了内容的综合，以及学生的兴趣，创新和实践能力的培养等项目学习的要素。近年来，我国相继发布政策文件支持项目学习的理论研究与实践探索④。2019 年，中共中央、国务院发布《关于深化教育教学改革全面提高义务教育质量的意见》，强调义务教育要"探索基于学科的课程综合化教学，开展研究型、项目化、合作式学习"。在中共中央指导意见的引领下，各省市积极开展项目学习的推进探索。例如，上海市教育委员会发布了《上海市义务教育项目化学习三年行动计划(2020—2022 年)》，力图"推进义务教育教与学方式变革……在开展'儿童学习基础素养'项目实践和研究的基础上，深化项目化学习的实践和探索"。2022 年，教育部在新颁布的《义务教育课程方案(2022 年版)》中提出，"探索大单元教学，积极开展主题化、项目式学习等综合性教学活动，促进学生举一反三、融会贯通，加强知识间的内在联系，促进知识结构化"。

(二)项目学习的理论基础

项目学习主要基于建构主义学习理论、情境学习理论及多元智能理论等⑤。

---

①BLUMENFELD P C，SOLOWAY E，MARX R W，et al. Motivating project-based learning：sustaining the doing，supporting the learning[J]. Educational psychologist，1991，26(3-4).

②刘育东．国外项目学习的历史沿革及发展趋势[J]. 教育理论与实践，2019，39(19).

③张彦通．英国高等教育"能力教育宣言"与"基于行动的学习"模式[J]. 比较教育研究，2000(1).

④夏雪梅．从设计教学法到项目化学习：百年变迁重蹈覆辙还是涅槃重生？[J]. 中国教育学刊，2019(4).

⑤何声清，綦春霞．数学项目式课程资源开发的理论与实践[J]. 中小学教师培训，2017(10).

1. 建构主义学习理论

项目学习的根源在建构主义学习理论①。建构主义学习理论认为，学习并不是知识传递的过程，而是学生对知识进行自主建构的过程，强调学习者在学习过程中的主动性和建构性。其特点：一是强调学习者已有的前概念，因为新概念是建构在前概念之上的；二是注重以学习者为中心的主动学习建构；三是强调认知冲突的学习情境，学习者对认知冲突的解决即为知识的建构过程；四是强调学习过程中的互动，学习者与教师、同伴、学习资源进行互动和对话，共同协商建构知识。

以项目学习的本质而论，项目学习基于问题情境建立认知冲突，从而形成大的驱动问题；通过小组合作的形式，让学生讨论与交流、收集资料并进行分析，对提出的问题进行验证并解决，从而完成知识体系的建构。项目学习最终使学生在学习的过程中对所学知识有较深刻的理解，建构出自己的认知结构，提升自己用已有经验去建构知识的能力。可以看出，项目学习具有以学习者为中心、以知识建构为中心的内在属性，是基于建构主义学习理论的教育思想。

2. 情境学习理论

情境学习理论为项目学习提供了基于建构主义的认知基础。布朗(John Seely Brown)等人的研究认为知识是具有情境性的，他们通过对情境认知和情境学习的阐述，构建了学生情境学习过程的模型。② 莱夫(Jean Lave)和温格(Etienne Wenger)从"情境是一种实践共同体"的角度进行论证，认为共同体中的成员有相同的追求，并共同开展达成共识的实践活动，其知识和能力的获得是基于社会文化的实践。③ 项目学习基于真实背景，让学生通过小组协商共同参与解决问题的

---

① RAVITZ J. Beyond changing culture in small high schools: reform models and changing instruction with project-based learning[J]. Peabody journal of education, 2010, 85(3).

② BROWN J S, COLLINS A, DUGUID P. Situated cognition and the culture of learning[J]. Educational researcher, 1989, 18(1).

③ LAVE J, WENGER E. Situated learning: legitimate peripheral participation[M]. Cambridge, Eng.: Cambridge University Press, 1991.

过程，这种方式的学习属于情境学习。从本质上讲，项目学习是个人在社会文化环境背景下通过与其他共同体成员交往参与实践活动，并产生项目学习产品的过程。

3. 多元智能理论

多元智能理论认为，智能是一个人的能力，它用于解决问题或制造产品，这个能力在一定的情境下是具有价值的。[①] 多元智能理论强调的是，每个人在不同类型的智能上所呈现的程度不同，呈现出优势或劣势。根据加德纳（Howard Gardner）的多元智能理论，应该把学生置于一个动态的、开放的学习环境中，为学生提供多元的、综合的学习机会，让学生通过认识、体验、发现、探究、操作等多种活动方式，开发自身的多元智能并养成良好的个性品质。[②] 项目学习创造的生活化环境，需要学生综合使用多方面的智能来解决生活中的实际问题，从而实现智能的全面提高。[③] 多元智能理论也可用于指导项目学习中的多元评价，即以发展的眼光评价学生，给予学生建议，帮助学生实现全面发展。

二、项目学习的含义及构成要素

(一)项目学习的含义

目前学界对于项目学习的界定有很多，但尚未产生明确的共识。[④] 综合来看，国内外学界对项目学习的界定主要分为以下几种类型：以教学方法或教学策略论、以学习方式论、以课程形态论，以及以多种内涵形态统一论。

1. 项目学习是一种教学方法

一些学者认为，项目学习是一种教学方法或教学策略，是在一定教学思想或

---

①GARDNER H. Frames of mind：the theory of multiple intelligences［M］. New York：Basic Books，1983.

②张思明，白永潇. 数学课题学习的实践与探索［M］. 北京：高等教育出版社，2003.

③王万红，夏惠贤. 项目学习的理论与实践：多元智力视野下的跨学科项目设计与开发［M］. 上海：百家出版社，2006.

④CONDLIFFE B, et al. Project-based learning：a literature review［R/OL］.［2022-10-17］. https：//files. eric. ed. gov/fulltext/ED578933. pdf.

理论指导下建立起来的相对稳定的教学活动程序。

巴克教育研究所认为，项目学习是一套系统的教学方法，它是对复杂、真实问题进行探究的过程，也是精心设计项目作品、规划和实施项目任务的过程。[①] 在项目学习中，学生在一段时间内通过研究和解决一个真实、有吸引力、复杂的问题、课题或挑战，掌握重点知识和技能。国内外很多研究者采用巴克教育研究所对项目学习的定义，或基于该定义进行适应性调整，开展项目学习的理论和实践研究。

一些研究者强调，项目学习是以学生为中心的教学方式。叶碧欣等人认为项目学习是一种以学生为中心，通过聚焦复杂真实的现实生活问题、呈现精心设计的产品，开展任务的探究过程，来促进学生发展的教学法。[②] 还有研究者将项目学习指向一种以学生为中心的教学方式，但突出了这种教学方式基于建构主义原则：学习在具体情境中发生；学习者积极参与学习的过程；通过社会互动和知识的分享与理解来实现学习目标。[③]

2. 项目学习是一种学习方式

从学生学习的视角出发，项目学习被界定为一种特定的学习方式或学习策略。

所罗门使用过程性的方法对项目学习的内涵进行描述：在项目学习中，学习者以小组的形式解决具有一定挑战性的真实问题，学习者提出解决问题的方法和采取的活动形式，阐述自己习得的知识，最后由评价者进行评估；在整个学习过程中，教师承担着指导者与建议者的角色，而非只是管理学生的学习。[④] 巴卢希

①巴克教育研究所.项目学习教师指南：21世纪的中学教学法[M].任伟，译.第2版.北京：教育科学出版社，2008.

②叶碧欣，桑国元，王新宇.项目化学习中的教师素养：基于混合调查的框架构建[J].上海教育科研，2021(10).

③COCCO S. Student leadership development：the contribution of project-based learning[D]. Victoria，BC：Royal Roads University，2006.

④SOLOMON G. Project-based learning：a primer[J]. Technology & Learning，2003，23(6).

(Sulaiman M. Al-Balushi)和阿姆里(Shamsa S. Al-Aamri)认为项目学习是一种特殊的探究性学习，现实世界中的真实问题提供学习背景，促使学生产生有意义的学习经验。[①]

孙成余提出，项目学习是基于项目的设计、管理和实施的一种学习方式，旨在通过整合学生已有的知识经验来解决实际问题。[②] 高志军等认为，项目学习就是学习过程围绕某个具体的学习项目充分选择和利用最优化的学习资源，在实践体验、内化吸收、探索创新中获得较为完整和具体的知识，形成专门的技能和得到充分发展的学习。[③]

3. 项目学习是一种课程形态

项目学习是一种课程设计方式和综合化的课程形态，是由课程内容、教学方式、课程评价等多种要素形成的相对稳定的课程存在样态。

张华认为，设计本位学习(项目学习)是基于"项目"理念和方法理解并组织学习的课程取向，是学校课程的有机构成、核心构成，不能被置于边缘或排除在外。

4. 项目学习具有多种内涵

一些学者认为，项目学习可以具有多种内涵，项目学习是教学模式与学习模式的统一。例如，刘景福和钟志贤认为项目学习是一种基于建构主义学习理论的学习模式，但同时也是一种教学模式。[④] 一方面，项目学习是以学科的概念和原理为中心，以制作作品并将作品推销给客户为目的，在真实世界中借助多种资源开展探究活动，并在一定时间内解决一系列相互关联的问题的一种新型的探究性

---

①AL-BALUSHI S M，AL-AAMRI S S. The effect of environmental science projects on students' environmental knowledge and science attitudes[J]. International research in geographical and environmental education，2014，23(3).

②孙成余. "项目式学习"视域下化学核心素养落地的实践应答：以"水的净化"活动设计为例[J]. 中学化学教学参考，2019(6).

③高志军，陶玉凤. 基于项目的学习(PBL)模式在教学中的应用[J]. 电化教育研究，2009(12).

④刘景福，钟志贤. 基于项目的学习(PBL)模式研究[J]. 外国教育研究，2002，29(11).

学习模式。另一方面，项目学习是一种新型教学模式，是一种革新传统教学的新理念，这种模式强调的是以学生为中心，强调小组合作学习，要求学生对现实生活中的真实性问题进行探究。

还有学者认为，项目学习既是课程形态又是教学策略。例如，郭华认为项目学习是学生综合运用多学科学习成就进行自主学习的一种综合性、活动性的教育实践形态。① 从课程形态来看，它是基于学科课程的跨学科活动课程；从教学策略来看，它主要是以完成作品为目标的学生自主、探究、制作活动。夏雪梅则认为项目学习既是学习方式又是课程形态。② 一方面，从学习素养视角出发，可以将项目学习界定为一种新兴的学习形态：学生在一段时间内对学科或跨学科有关的驱动性问题进行深入持续的探索，在调动所有知识、能力、品质等创造性地解决新问题、形成公开成果中，形成对核心知识的深刻理解，并能够在新情境中进行迁移。另一方面，项目学习超越了学与教的范畴，用课程的视角重新审视学与教，厘清了课程目标、核心知识、关键概念，以及学科之间的联系、学科与真实世界之间的联系，将所有要素在一个相对较长的时间段内呈现。

还有一些学者认为，项目学习是多种内涵的统一体。例如，桑国元认为项目学习具有五个重要内涵，即项目学习是一种教育理念、教学模式、学习模式、课程形态和学科整合方式。③④ 第一，项目学习作为一种有利于学生身心健康发展的教育理念，强调在实践活动中培养学生的能力、品格和价值观，注重综合运用多学科知识促进学生自主学习。第二，项目学习作为一种教学模式，鼓励学习者大胆提出问题与假设，在真实的生活情境中主动探究，使用不同的工具和技能，在课堂内外创造性地解决问题，在建构自身知识体系的同时将知识运用到具体实践中。第三，项目学习作为一种学习模式，是以学习一种或多种学科概念、原理

---

① 郭华．项目学习的教育学意义[J]．教育科学研究，2018(1)．

② 夏雪梅．项目化学习设计：学习素养视角下的国际与本土实践[M]．北京：教育科学出版社，2021．

③ 桑国元，王佳怡．项目化学习在幼儿园活动中的实施[J]．教育理论与实践，2021，41(26)．

④ 桑国元．教师如何理解项目式学习的内涵[J]．教师教育论坛，2022，35(10)．

为中心，以解决真实的问题为目的，在真实情境中借助多种资源，并在一定时间内解决相互关联的问题而产出作品的过程。项目学习基于学科又超越学科，是一种与真实世界和生活实际紧密联系的学习模式。第四，项目学习作为一种课程形态，是基于知识整合的跨学科活动课程，具有研究性学习、探究式学习、综合实践活动等课程形态的主要特征。第五，项目学习作为一种学科整合方式，教师在开展跨学科的项目学习的过程中，对两门及以上的学科知识、概念或理论进行辨识、评价和整合运用。

综上所述，项目学习从教学方法、学习方式、课程形态等不同角度皆有定义。但在研究者的定义中都突出了问题中心、学生主体、持续探究、项目成果、评价交流等要素。在关于"项目学习"含义的描述中，大部分研究者认为，项目学习本质上是一种教学模式或者学习方式；小部分研究者认为项目学习超越了学与教的范畴，兼具课程形态。

对项目学习内涵理解的不同会影响教师对项目学习的开发与实践质量。同时，不同形态的项目学习适用于不同条件和背景。本次改进项目采用的是学科项目学习的课程形态，即将项目学习视为一种学科课程的单元重构方式。

(二)项目学习的类型

按照项目学习所覆盖的知识范围的大小和对学校课程的影响力度，可以将项目学习划分成不同的课程形态，从小到大分别为：微项目学习、学科项目学习、跨学科项目学习、超学科项目学习。[①] 这些课程形态分别指向不同的课程层级。

微项目学习主要是在课堂中进行，是指在课堂中为学生提供 $15\sim20$ 分钟的探索性项目任务，或者在课外用类似实践性作业的形式对某个内容或主题进行小探索，这种形态在一节课中很难进行完整设计。学科项目学习主要是以学科内的关键概念或能力为载体，指向学科的本质，在此过程中可能会涉及其他学科，也可能会运用其他学科的知识和方法作为支撑。学科项目学习可以理解为一种学科

---

①夏雪梅.项目化学习设计：学习素养视角下的国际与本土实践[M].北京：教育科学出版社，2021.

课程的单元重构方式。跨学科项目学习是以不同学科的关键概念或能力为载体，指向真实世界中的问题解决。跨学科项目学习会涉及学校课程的部分结构性变化，它通常需要整合不同学科的知识和能力来探索与解决真实情境中的问题，体现对不同学科领域知识的整体理解。超学科项目学习是建立一套超越具体学科的概念体系，围绕这套概念体系进行项目学习设计，没有明确的学科界限和学科课程标准，旨在促成学生对整个主题和超越学科的大概念的理解。超学科项目学习需要学校整体课程结构的重构。

(三)项目学习的构成要素

有效开展项目学习的关键是理解其发展阶段和构成要素。① 与项目学习的定义不同，其构成要素描述的是项目学习的基本组成部分②。项目学习的内涵界定虽然定位不一，但涉及的核心要素有所重合。

国内外研究者就项目学习的构成要素开展了一系列相关研究。有研究者认为，项目学习主要由情境、内容、活动、学习共同体、作品五个基本要素构成。③ 也有学者去掉"学习共同体"，认为项目学习包含四个基本要素。④

本书将总结国内外研究中提出的关键的项目学习构成要素：驱动问题、真实情境、学习目标、知识建构、项目成果、评价反思，同时对其他典型的构成要素进行简述。

1. 驱动问题

布鲁门菲尔德(Phyllis C. Blumenfeld)等指出，项目学习与传统教学活动的区别在于，驱动问题指引着学生的学习。驱动问题在活动和学科核心知识之间建立了桥梁，促使二者在项目中达到有机融合。项目要重点关注能够将学生指向核

---

①张华．论"设计本位学习"[J]．教育发展研究，2006(23).

②THOMAS J W. A review of research on project-based learning[R]. San Rafael，CA：The Autodesk Foundation，2000.

③刘晓静，王明磊．基于项目学习要素的实践与思考[J]．中国信息技术教育，2018(9).

④王万红，夏惠贤．项目学习的理论与实践：多元智力视野下的跨学科项目设计与开发[M]．上海：百家出版社，2006.

心概念和思想的问题，即驱动问题或结构不良问题，这些问题能够指引学生在精心设计的项目中，围绕学科核心知识和思想方法开展项目探究。① 驱动问题是一个精心设计的问题，学生和教师要在整个项目中对此进行详细阐述、探索和回答。基于布鲁门菲尔德等人的研究基础，科瑞柴科(Joseph S. Krajcik)和申南秀(Namsoo Shin)进一步明确了驱动问题在学科项目学习的设计原则中的核心地位。② 高质量的驱动问题应符合以下五个标准：合理性、有价值、情境化、有意义、符合道德伦理。驱动问题能确保课程中所有项目活动的连贯性和一致性，在活动过程中不断回顾思考驱动问题，有助于学生积极参与项目活动，并实现更深层次的学习目标。巴克教育研究所在迭代的"项目学习黄金准则"中将驱动问题修改为挑战性问题。与驱动问题相比，挑战性问题需要学生进行价值判断，带有哲学意味。

驱动问题具有真实性和挑战性，且贯穿始终，能够有效激发学习者的内在动力，改变原来学科学习从低阶开始并且主要在低阶附近徘徊的特点，要求学生进行全局性、策略性、复杂的思考，引发学生高阶思维的发展。

2. 真实情境

真实性、实践性的情境能够促进知识熟练化掌握和思维能力发展，为知识理解的精深化提供丰富的语境，有助于知识迁移与运用。现实性是项目学习必备的设计原则之一。③ 项目学习所呈现的是来自现实生活的挑战，学生在其中经历真实的问题，并尝试给出真实的解答。还有学者将真实性作为项目学习设计原则之一，这种真实性具体体现在：项目应具有真实的环境，使用真实的过程、工具和质量标准，产生真正的影响，并且与学生自己的关注点、兴趣和身份相关联。

---

① BLUMENFELD P C, SOLOWAY E, MARX R W, et al. Motivating project-based learning: sustaining the doing, supporting the learning[J]. Educational psychologist, 1991, 26 (3-4).

② KRAJCIK J S, SHIN N. Project-based learning[M]//SAWYER R K. The cambridge handbook of the learning sciences. 2nd ed. New York: Cambridge University Press, 2014.

③ THOMAS J W. A review of research on project-based learning[R]. San Rafael, CA: The Autodesk Foundation, 2000.

国内不少学者在研究中都强调了真实情境的重要性。例如，夏雪梅认为，真实情境并非仅指现实生活中真实发生的事件，而要能体现知识能力的真实运用和复杂情境中的真实思维。① 陈素平和缪旭春针对真实情境归纳了三种问题情境设计策略，分别是虚拟性问题情境、体验性问题情境和现实性问题情境。②

3. 学习目标

部分学者在研究中点明了知识目标的重要性。例如，巴克教育研究所呈现的"项目学习黄金准则"中指出，一个设计良好的项目学习应该教会学生重要的内容标准、概念，并帮助他们深入理解，这正是学科领域和学术领域的基础。卢卡斯教育研究所提出，在设计项目学习中的核心项目时应充分考虑让学生能够接触到学习目标中的大概念。科瑞柴科和申南秀在讨论设计项目学习课程时指出，其中一条重要原则是学习目标应符合国家课程标准，学习目标要将学科的核心概念与关键的学科实践结合起来，以学业表现的方式呈现出来。③

此外，研究者还强调了能力和素养目标。例如，巴克教育研究所在研究中强调了项目学习要培养学生的批判性思维、合作能力等。夏雪梅认为，项目学习指向创造性思维、探究与问题解决等跨学科素养，在设计中应关注认知策略与学习实践。

4. 知识建构

项目学习源于建构主义学习理论，因而在讨论设计原则时必然会谈到知识建构、深入探究、问题解决等概念。博耶（Ernest L. Boyer）提出"教学的学术"，认为项目学习是让学生以年轻学者的身份，加入"探究知识、整合知识、应用知识和传播知识的工作"，过"一种学术生活"。④ 托马斯认为项目学习的重要设计标

---

①夏雪梅. 项目化学习设计：学习素养视角下的国际与本土实践[M]. 北京：教育科学出版社，2021.

②陈素平，缪旭春. 基于学科的项目化学习设计与实施样态[J]. 上海教育科研，2019(10).

③KRAJCIK J S, SHIN N. Project-based learning[M]//SAWYER R K. The cambridge handbook of the learning sciences. 2nd ed. New York：Cambridge University Press，2014.

④博耶. 关于美国教育改革的演讲[M]. 涂艳国，方彤，译. 北京：教育科学出版社，2002.

准之一就是学生必须参与知识建构，目标导向明确的项目研究过程需要包含探究、知识建构和问题解决，而项目的核心主体部分必须包含知识的建构与转化的过程，否则这些活动只是练习或普通的项目，而不能被看作项目学习中的项目。达林哈德蒙（Linda Darling-Hammond）等认为，项目应该有多种解决方案和达成解决方案的方法，应该主动引导学生面对和解决冲突，应该鼓励学生成为知识的作者和生产者。[①] 科瑞柴科和申南秀等人认为，学生构建学科工具的过程就是建构自己知识的过程。[②]

国内学者也认为项目学习需要以学科知识为基础，项目学习独特的学科教育价值在于基于学科的学术性探究。一是聚焦专门性和系统性的学术性探究经验。项目学习赋予学生学科专家的身份，让学生像专家一样基于学科专业性视角，用学科特有的专业思维、方法、知识和工具识别问题、表征问题，寻找解决方案，验证自己的方案，经历持续、连贯、严谨的学术研究和实践。二是学科概念的构建与迭代。在学科背景与社会生活背景中感受知识的价值、意义与局限。三是学科知识的开放性重组。运用积累的学科知识探索和解决未知的、没有现成答案的问题，项目学习为每位学生提供基于项目需求和个人经验的学科知识调用机制，且不限制新知识的卷入。

5. 项目成果

项目成果是指在项目学习结束时产生的作品、产品、报告等。一些学者认为项目成果是指向驱动问题的[③]，还有部分学者认为成果作为项目的构成要素时，需要具备的特征是能够向真实的公众展示。达林哈德蒙等人认为，这些公众听众

①DARLING-HAMMOND L，BARRON B，PEARSON P D，et al. Powerful learning：what we know about teaching for understanding[M]. San Francisco，CA：Jossey-Bass，2008.

②KRAJCIK J S，SHIN N. Project-based learning[M]//SAWYER R K. The cambridge handbook of the learning sciences. 2nd ed. New York：Cambridge University Press，2014.

③夏雪梅. 项目化学习设计：学习素养视角下的国际与本土实践[M]. 北京：教育科学出版社，2021.

可以极大地激励学生；① 科瑞柴科和申南秀认为，当这些有形的成果制品被公开时，可以激励学生并提供反馈的机会；② 托马斯也在他提出的真实性或现实主义标准中解释了成果面向公众的特性，他认为项目不是学校式的，而是面向现实的，体现了给予学生体验真实性的特征。

6. 评价反思

评价是教育者关注的一个重要问题，人们越来越认识到评价在促进学生反思和启发教学中发挥着重要作用。项目学习中的评价是丰富且多元的，项目学习要求设计者同时运用过程性评价和终结性评价策略以及多元主体参与的评价方法来促进学生真正投入学习。许多研究者都在研究中专门强调了评价的相关问题。

达林哈德蒙、科瑞柴科和申南秀都指出了为学生留出时间进行自我评估、反思与反馈的重要性。方丽华和张歆祺采用 SOLO 分类理论对项目中三个任务的解决方案，分别进行了五种水平划分，对学生在项目学习中的思维表现进行评价。③ 匡莉敏基于巴克教育研究所的"项目学习黄金准则"，构建了项目学习的评估框架，并将该框架运用于项目学习课程的评价。④ 强枫和张文兰以导向、激励、预测为评价原则，构建了基于课程重构的项目学习评价指标体系，旨在提升基于课程重构的项目学习评价的有效性和可操作性，促进学科课程与项目学习的有机融合。⑤

此外，研究中出现频率较高的项目学习构成要素还有小组合作、学习支架等。

---

①DARLING-HAMMOND L，BARRON B，PEARSON P D，et al. Powerful learning：what we know about teaching for understanding[M]. San Francisco，CA：Jossey-Bass，2008.

②KRAJCIK J S，SHIN N. Project-based learning[M]//SAWYER R K. The cambridge handbook of the learning sciences. 2nd ed. New York：Cambridge University Press，2014.

③方丽华，张歆祺. 基于 SOLO 分类理论下的数学项目学习：以"交通工具"为研究案例[J]. 教育，2017(52).

④匡莉敏. 素养导向的项目学习课程质量评价的案例研究[D]. 上海：华东师范大学，2017.

⑤强枫，张文兰. 基于课程重构的项目式学习评价指标体系探究[J]. 现代教育技术，2018，28(11).

　　就小组合作而言，有研究者将合作视为项目学习的重要组成部分，把项目学习中的合作活动视为复杂社会情境问题解决的一面镜子。达林哈德蒙认为合作能够促使学生参与有意义的学习，并在瞬息万变的知识型社会中发展 21 世纪技能。① 但目前对项目学习课堂中的合作学习研究不足，现有的关于设计原则的研究也尚未清晰阐释项目学习课堂上的合作学习与传统课堂中的具体区别。

　　随着项目学习的普及，使用学习支架来促进学生学习的方法也逐渐流行②。很多学者都将学习支架视作项目学习的关键组成部分。学习支架包括师生互动、实施表、同伴计数、指导问题、工作助手、项目模板等。这意味着老师、同伴、学习材料和学习技术都可以作为学习支架。其中，学习技术的重要性不可忽视，因为学习技术能够支撑学生参与那些超出他们能力水平的课堂活动③。

　　项目学习构成要素的研究中基本强调了真实情境、项目成果、知识理解与知识建构等的重要性。但对于关键问题，如使用学习支架来获得更高水平的知识和技能、项目学习中的小组合作、驱动问题的内涵特征，以及如何在项目学习中进行评价等问题，研究者仍然缺乏一致意见，或对这些关键问题的重要程度持有不同看法。

　　综上所述，在项目学习构成要素的相关研究中，研究者或隐晦或明确地表明"项目"应是项目学习的中心工具，项目处在课程的中心。同时，可以发现项目学习明显区别于学科课程，主要体现在真实情境和项目成果这两个构成要素上。

---

①DARLING-HAMMOND L，BARRON B，PEARSON P D，et al. Powerful learning：what we know about teaching for understanding[M]. San Francisco，CA：Jossey-Bass，2008.

②PUNTAMBEKAR S，HUBSCHER R. Tools for scaffolding students in a complex learning environment：What have we gained and what have we missed？[J]. Educational psychologist，2005，40(1).

③KRAJCIK J S，SHIN N. Project-based learning[M]//SAWYER R K. The cambridge handbook of the learning sciences. 2nd ed. New York：Cambridge University Press，2014.

三、项目学习的设计原则和实施路径

(一) 关于项目学习设计原则的研究

项目学习的设计原则是区别于其他课程形态的本质特征，如何组织相关课程要素是设计项目学习的关键。项目学习的设计原则应符合以下几个标准：(1)可测量；(2)既关注内容，又重视评价；(3)通过实践获取信息；(4)能够根据实际做出调整。① 目前有两个较有影响的项目学习设计原则，即 6A 原则和"激励—建构—组织"设计原则。

1. 6A 原则

6A 原则由巴克教育研究所提出，其中 6A 指真实情境(Authenticity)、严谨规范(Academic Rigor)、知识应用(Applied Learning)、主动探究(Active Exploration)、成人参与(Adult Connections)及评价实践(Assessment Practices)。6A 原则从六个维度详细列举了项目学习设计时应考量的问题，并给出了相应的描述与解释，有助于教师在开发项目时对照参考(表 2-1)②。

表 2-1　项目学习设计的 6A 原则

标准维度	具体描述
真实情境	(1)从背景信息引出的项目问题对学生而言是有意义的吗？ (2)该项目类似于成人在社区或工作间所做的工作吗？ (3)该项目能够给学生提供获得学校环境以外的知识和能力的机会吗？
严谨规范	(1)该项目能够促使学生获得和运用某一个或几个学科领域的核心知识吗？ (2)该项目能够促使学生运用某一个或几个学科的探索方法吗？ (3)在该项目中，学生发展了高层次思维或培养了良好的思维习惯吗？

---

① CONDLIFFE B, et al. Project-based learning：a literature review[R/OL]. [2022-10-17]. https：//files. eric. ed. gov/fulltext/ED578933. pdf.

② 何声清，綦春霞. 国外数学项目学习研究的新议题及其启示[J]. 外国中小学教育，2018 (1).

标准维度	具体描述
知识应用	(1)学生的学习是发生在半结构化及真实的问题情境中吗？ (2)该项目能够促使学生在学习活动中获得高层次素养吗？ (3)该项目能够帮助学生发展自我组织和管理能力吗？
主动探究	(1)学生在项目过程中有足够的时间探索和完成项目任务吗？ (2)该项目需要学生从事实际调查、运用多种方法及自主支配资源吗？ (3)学生在项目过程中有机会表达学习体会并相互交流吗？
成人参与	(1)学生在项目过程中能够接触相关的专业人士吗？ (2)学生在项目过程中有机会和至少一位成人就某个环节进行合作吗？ (3)成人有机会对学生的工作进行评价和指导吗？
评价实践	(1)学生在项目过程中能够根据项目目标对自己的学习进行评价和监控吗？ (2)成人帮助学生建立了对项目实际意义的感知吗？ (3)学生的工作及成果还会通过其他途径进行展示和评价吗？

在 21 世纪初，辛格(Jon Singer)等研究者以社会建构主义为基础，综合考虑美国国家研究委员会和美国科学促进会的要求，提出了项目学习的设计原则，分别是情境、基于标准、探究、合作、学习工具、项目成果、支架(表 2-2)①。

表 2-2　基于社会建构主义的设计原则

设计原则	具体描述
情境	有意义的问题空间，为学习者提供智力上的挑战
基于标准	由更广泛的学科专家出版，定义了学科中的语言、目标和方法
探究	提出问题并进行一系列相关互联的过程
合作	学生、教师之间的互动，用于分享信息
学习工具	支持学生完成挑战任务的工具
项目成果	概念或想法的代表，可以共享、批评和修改，用于增强学习效果
支架	一系列随着时间的推移逐渐淡化地控制学习活动、帮助学生完成任务的方法

在这七个设计原则中，第一个原则是情境，它需要通过驱动问题和锚定事件

①SINGER J，MARX R W，KRAJCIK J S，et al. Constructing extended inquiry projects：curriculum materials for science education reform[J]. Educational psychologist，2000，35(3)．

来创设。驱动问题是基于真实生活经验、引导整个项目进行的问题;锚定事件是在学生学习的过程中不断出现的事件,以便让学生持续接触相关现象和原理。第二个原则是基于标准,是指项目学习的内容需要与课程标准相一致。其中,常规的学科课程发挥了重要作用,它能帮助学生深刻理解课程标准内容,包括帮助学生学习困难概念、阐明重要的实验技术等。第三个原则是探究,它允许学生提问、设计实验、收集、分析、分享信息。第四个原则是合作,此原则鼓励学生分组合作,让学生在小组中讨论他们的探究内容,分享他们的知识并创建小组报告。第五个原则是学习工具,是指学生使用学习工具来支持探究的各个方面。项目中的学习工具虽然代表和反映了科学家使用的技术,但是实施过程中要以适应学习者为前提而设计。第六个原则是项目成果,是指学生完成项目时创建的成果。学生创建的成果可以共享、评论和修改,进一步增强学生理解的同时,也作为学习效果评价的基础。第七个原则是支架。教师通过选择教学顺序、建立模型、给予指导和反馈等为学生的学习提供支架,帮助学生理解学科概念和过程。

2."激励—建构—组织"设计原则

基于"为了应用而学习"设计模式,埃德森(Daniel C. Edelson)提出了"激励—建构—组织"设计原则,用于解决项目学习所面临的挑战。[1]

第一个设计挑战是为不熟悉的知识内容设计需求。当课程材料中包含学生不熟悉的内容时,学生无法判断这些内容对于日后的表现是否有帮助,需要想办法让学生将这些不熟悉的内容与日后在项目中的进步建立联系。应对方法有三种,分别是分解任务、突出不一致、尝试应用。分解任务指的是,将学生不熟悉的任务分解为多个子任务,中间包含学生熟悉的子任务,让学生意识到有应用知识的机会,进而激发学生对知识的需求。这种设计方法与辛格等研究者的方法相似。辛格等研究者提到为驱动问题设计子问题,用子问题(包括学生自己创造的问题)来帮助学生创造学习特定内容的需求。[2] 突出不一致指任务情景或者解决方法与

---

[1] EDELSON D C. Learning-for-use: a framework for the design of technology-supported inquiry activities[J]. Journal of research in science teaching, 2001, 38(3).

[2] SINGER J, MARX R W, KRAJCIK J S, et al. Constructing extended inquiry projects: curriculum materials for science education reform[J]. Educational psychologist, 2000, 35(3).

学生之前的经验并不相同，冲突的产生使学生有意愿去解决问题。尝试应用指学生尝试应用之前的知识来解决问题，失败会促使他们学习不熟悉的内容来修正失败，从而支持有意义的理解。

第二个设计挑战是应用所有内容。当学生完成表现型项目之后，知识内容可能还得不到完全的应用。学生会发现，他们不会因为在理解和应用内容上的困难，导致他们在完成项目的表现上无法取得进步。因此，应对方法是分析和调整，或者替换一个表现型项目。

第三个设计挑战是及时应用所有内容。有时候学生学到的内容得不到及时应用，会影响学生对知识的建构与组织效果。因此，应对方法是分批次分解表现，即让学生多环节、多批次地完成项目，及时应用当时所学的内容，这样知识的应用价值会提升很多，有利于学生及时组织知识。

一般来说，项目学习的设计原则并不传达具体的学科概念和实践。然而，一些研究项目学习的学者对学生应该遇到的问题类型，以及项目学习与其他课程形态之间的关系，都提出了原则要求。研究者在探讨设计原则的时候，将项目学习与传统课堂教学对比，都强调了学生积极参与知识建构的重要性。这些设计原则存在一定的共性，但在具体细节的设计上和如何组织这些原则等方面仍存在较大分歧，有待深入研究。

(二)项目学习的实施路径

研究者在确定了项目学习的设计原则之后，就可以在这些原则的指导下提出设计路径，开发内容。国内外学者基于相关理念，提出了一系列项目学习的设计路径，并将其应用于实践。本节依据"以任务推进为明线，以知识发展为暗线"的项目学习设计原则[①]，将以往研究者的设计路径分为如下两类：知识导向的项目学习设计路径与任务导向的项目学习设计路径。

1.知识导向的项目学习设计路径

项目学习设计路径旨在帮助学生进行知识、概念的学习。具体内容如下。

---

①何声清，綦春霞. 数学项目式课程资源开发的理论与实践[J]. 中小学教师培训，2017 (10).

(1)指向课程标准

里维特(Ann E. Rivet)等研究者提出指向课程标准的项目学习设计路径①，总体上可以分为四个步骤：确定学习目标、设置项目情境、设计教学内容和教学顺序、形成项目成果。

依据课程标准确定学习目标。需要提取课程标准中的知识主题，然后将其分解成更为具体的学习目标。

针对学习目标设置合适的项目情境。项目学习的设计借助于驱动问题来提供项目情境，而驱动问题要与学生的现实经验相联系。

确定教学内容和教学顺序。项目学习的设计围绕学习目标来组织课程单元，因而驱动问题要分解为若干子问题，每一个子问题与具体的学习目标建立对应关系。同时项目中需要包括基础课程，帮助学生学习困难的概念、说明重要的探究步骤或制订探究策略。项目要建立在学生已有知识经验的基础上，为学生搭建学习支架，让学生通过小组合作的形式开展讨论并完成项目。

学生要运用学习目标中的知识来设计项目成果。每次实施单元内容时，要通过前测和后测、学生和教师访谈以及课堂观察等，对成果进行迭代。

(2)学习目标驱动模型

在项目学习的设计过程中，可能存在项目内容与课程标准要求不一致的现象，具体表现：项目背景所包含的知识可能超出课程标准中所要求的知识；项目内容在深度与广度上与课程标准要求存在矛盾；项目学习中知识学习的顺序可能与课程标准中的顺序不同；项目学习中情境的特殊性与课程标准中知识的普遍性存在矛盾。"学习目标驱动模型"的提出②，正是为了解决这些问题，帮助教师设计出符合课程标准的项目学习。

学习目标驱动模型的核心在于确定学习目标之后，利用这些学习目标持续指

①RIVET A E, KRAJCIK J S. Achieving standards in urban systemic reform：an example of a sixth grade project-based science curriculum[J]. Journal of research in science teaching，2004，41(7).

②KRAJCIK J S, MCNEILL K L, REISER B J. Learning-goals-driven design model：developing curriculum materials that align with national standards and incorporate project-based pedagogy[J]. Science education，2008，92(1).

导设计内容，并不断评估内容是否与预期目标一致。具体而言，此方法包含三个阶段：制订学习目标、开发教学材料、收集教学反馈。学习目标驱动模型的整个过程如图 2-1 所示，图中循环的箭头表示各个步骤之间的相互影响。

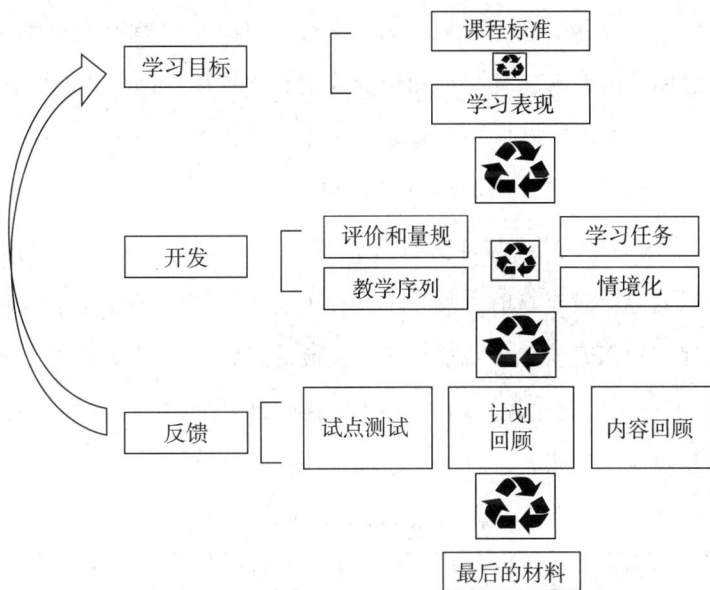

图 2-1　学习目标驱动模型

制订学习目标部分包括：①识别和阐明与项目相关的课程标准；②设定符合课程标准的学习表现。开发教学材料部分包括：①创建与学习表现相关的评价和量规；②根据预期的学习表现确定学习任务；③通过驱动问题和锚定事件来对单元进行情境化；④制订教学序列。收集教学反馈部分包括：①试验测试材料；②对教学材料与学习目标的一致性进行分析；③学科专家对教学材料的科学性和准确性以及是否实现学习目标进行审查。整个过程是动态而非线性的，各个步骤之间会产生相互影响。课程标准和学习表现引领教学材料的开发，评估反馈的各个环节，如此保证项目内容完整覆盖并对应课程标准中的要求，从而解决之前提出的项目内容与课程标准要求偏离的挑战。

(3)"为了应用而学习"模型

"为了应用而学习"模型的本质是对学生学习过程的描述，可用于支持内容较多的、基于探究的学习活动的设计。①

"为了应用而学习"模型包含三个关键步骤：动机、知识建构、知识修正。动机是指对新知识需求的体验，知识建构是指建立新的知识结构，知识修正是指对知识结构的组织和连接。这三个步骤刻画了对知识深入理解的发展性过程，但并不排斥三者之间的跳跃和循环，如知识的建构和修正可以循环进行，而建构或者修正可能激发新的动机。但是三者的内在顺序十分重要，为了创造合适的学习内容，必须首先激发动机；为了保证知识的可提取和可使用，修正必须在建构之后。

将"为了应用而学习"模型作为设计框架，每一个步骤可以包含两个可选过程，但当知识内容比较丰富时，每一个过程都是必要的。动机包含体验需求和体验好奇的过程，知识建构包含观察和接受交流的过程，知识修正包含应用和反思的过程（表 2-3）。从设计的视角看，该模型清晰地表达了一系列活动必须与各部分学习目标相对应的要求。

表 2-3　"为了应用而学习"模型

步骤	过程	设计方法
动机	体验需求	创造对知识的需求，要求学习者应用这些知识才能成功完成活动
	体验好奇	可以通过揭示学习者理解中存在的问题或局限性来引起学生的好奇心
知识建构	观察	为学习者提供新现象或直接经验的活动，可以使他们观察到新知识结构中的关系
	接受交流	让学习者接受来自他人的直接或间接的交流活动，使他们能够根据该交流建立新的知识结构
知识修正	应用	使学习者以有意义的方式应用其知识，有助于加强和重组学生的理解
	反思	为学习者回顾反思他们的知识和经验提供机会，以便于重新组织他们的知识

①EDELSON D C. Learning-for-use: a framework for the design of technology-supported inquiry activities[J]. Journal of research in science teaching, 2001, 38(3).

(4)项目整合

项目整合来源于整合与发展的教育理念。[1] 整合意味着围绕关键概念进行教学，发展意味着在不同层次的单元之间保持概念的一致性。教育面临着时间上的有限与内容上的无限之间的矛盾，通过此方法可以避免学生的学习仅仅停留在浅层与表面上，促进学生的深度理解。为了创设一致的学习目标，需要厘清目标本身，并确定目标对于学生发展的关键性。为此，学习目标需要聚焦大概念，而不仅仅是覆盖课程标准中的大部分知识内容。驱动问题对于学生关键概念的发展也很重要：应允许为驱动问题设置相关的子问题，将每个问题都集中在不同的关键概念或者一个关键概念的不同方面；驱动问题需要将学习目标连贯一致地连接起来，确保学习过程的连续性和系统性；一个驱动问题可以分成多个学习集，每个学习集都涉及驱动问题的一个方面，通过一个回到驱动问题的活动结束，将学到的概念汇聚到一起。

(5)设计学术性探究线

林莉等提出，在学科项目学习的设计中要注意强化学术性探究线的设计。[2] 一是将学科大概念作为项目学习设计的起点。二是设计项目背后的学术性学习目标：识别学科问题，用适合的学科知识和工具解决问题，有基于学科的共同评判标准。三是设计学术性探究支架：任务(问题支架)、资源(工具支架)、反思(整理支架)。

2. 任务导向的项目学习设计路径

一些学者认为，相比于学科课程，项目学习强调故事叙事在学生学习活动中不可或缺的重要地位，将任务线置于项目学习开发活动中的首要位置；通过任务的完成，引导学生进行知识的学习，帮助学生形成整合性的项目成果和新理解。

---

[1]SHWARTZ Y，WEIZMAN A，FORTUS D，et al. The IQWST experience：using coherence as a design principle for a middle school science curriculum[J]. The elementary school journal，2008，109(2).

[2]林莉，袁晓萍. 基于学术性探究的学科项目化学习设计与实施：以小学数学"校园数据地图"项目化学习为例[J]. 上海教育科研，2021(1).

同时在项目学习中，任务线的起点为驱动问题，终点为项目成果。具体的项目学习设计路径如下。

(1)成果为重

坎特在"为了应用而学习"模型的基础上，做了进一步的研究，在其研究中提出要关注学生的项目成果，即关注学生通过项目学习所获得的成就。坎特依据项目成果类型，概括地提出项目学习的两种类型：研究型项目学习和表现型项目学习。在研究型项目学习中，驱动问题指向学科知识，学生通过参与调查与研究过程来解决此问题，这类项目学习旨在探究自然科学，学生的目标是了解自然事物，即它们是什么以及它们如何运作，最终的项目成果一般是调查报告。在表现型项目学习中，驱动问题不仅指向学科知识，还指向一个表现型成果。这种思路下的项目学习设计路径显示出比较明显的成果导向。

(2)融合设计思维

林琳和沈书生基于布鲁姆认知目标分类，研究项目学习中的思维能力及其轨迹，提出可以从思维能力形成轨迹的角度出发，设计高质量的学习项目。[①] 他们在研究分析了设计思维在教育中的四种应用范式后发现，设计思维依附于真实项目，以可供体验的空间和促进可视化交流的工具为支撑，通过同理心的培养和学习共同体的建立挖掘需求，经过多轮迭代生成创造性的制品。基于以上核心理念，有研究者进行了设计思维与学科融合的项目设计：从"灵感—构思—实施"三大空间出发设计项目过程；通过时间线的规划，引导本土化的基于设计思维的活动设计；依据过程性制品、原型展示情况等数据评价学生的学习与发展。这种设计路径在设计的起始阶段就体现了指向项目成果的特征。

经过上述设计路径的探讨，笔者认为虽然它们在具体课程设计路径上有着明显的区别，但其最终目的都指向发展学生的核心素养或培养 21 世纪技能。需要注意，课程设计与课程实施是两个不同的概念，在理论研究和实践探索中不能将

---

①林琳，沈书生. 设计思维与学科融合的作用路径研究：基础教育中核心素养的培养方法 [J]. 电化教育研究，2018(5).

二者等同。通过分析文献可以发现：一些研究者将设计与实施混淆，将设计过程等同于实施过程，用同一个思路或逻辑来指导整个课程的开发与实施；还有研究者在项目学习的相关论述中，回避了设计路径或设计流程，只提出实施流程，或仅按照活动实施阶段推进整个项目，这会导致项目学习变成纯粹的活动，更像是社团活动。

第三章 教学改进课程设计

【本章提要】

在第一章明确教学改进主题确定依据、第二章阐明教学改进主题内涵和研究进展的基础上，本章主要阐述教学改进课程的设计。如前文所述，初中数学教学改进主题由 2020—2021 学年的"促进代数推理和问题解决能力提升的数学教学"，聚焦至 2021—2022 学年的"数学项目学习的设计与实施"。尽管这两年教学改进主题的名称不同，但二者之间具有紧密的内在联系，课程设计上有诸多相似之处。为了避免赘述，本章以"数学项目学习的设计与实施"为例，对教学改进课程的设计进行阐述。

一、成人学习与教师学习

教师自主发展的过程是在教学实践中发现问题，在研究的过程中展开学习，在学习中推动研究进而解决问题的过程，这个过程的完成需要激发教师的内驱力，将教师的学习放在主体地位。因而，研究目标的人本化、研究内容的问题化、研究方式方法的多样化和研究评价的科学化就变得非常重要。简言之，课程内容的主题化、系列化，引导教师的充分参与，通过互动和体验提高课程的吸引力和凝聚力是在进行课程设计时关注的重点。

课程设计是一项系统工程，首先要关注课程的研修对象，主要为一线教师，而教师学习具有成人学习的特点。基于此，课程设计必须基于成人学习的需求，对整体课程方案进行系统性思考。一般来说，课程设计包括：明确教学改进课程的设计理念与原则，制订课程目标，确定课程内容(包括课程模块)与教学策略，设计课程评价。在设计之前，需要思考：成人学习和教师学习分别具有什么特点？对于课程设计的启示是什么？如何展开课程设计的各个环节？以下将分别对此进行阐述。

(一)成人学习的特点

人们普遍认为，成人认知结构的最大特点是直接经验的丰富性。在他们的认知结构中，既有以科学形态存在的成分，又有以经验形态存在的成分①。另有学者用统计的方法对成人学习的内容进行了大规模的调查，得出的主要结论是：成人学习者重视知识的实用性而非学术性；重视应用性而非理论性；重视技能而非信息；成人学习以目标为导向、以活动为导向、以学习为导向。②

派克认为，成人培训的目的是产生结果，这个结果必须是学员行为的改变，培训应该做到以学员为中心，充分调动他们的参与热情，他总结了以下五条成人学习法则：(1)成人是有着高大身躯的小宝宝；(2)成人更容易接受自己得出的结论；(3)学习过程越有趣，成人学习效果就越好；(4)成人学习发生的标志是行为的转变；(5)成人能力达到最高阶段的证明是能够教授他人。③

大多数教师培训的成功经验表明，成人的学习是自我导向的、基于经验的、问题中心的、做中学的。这也给教师培训带来启发：虽然开阔视野、更新教学观念、掌握教学技能等很重要，但教师对立即可用的、能够直接转化为有效课堂教学行为的、能提高学生学习效果的培训更感兴趣，他们更喜欢基于问题的、以案例或课例为支撑的、同伴互助和专业引领为基础的学习方式。因此，在开展教师培训时，可以采用以下三种方式。

嵌入式学习。教师教育的基本规律是"嵌入式"学习，因此培训应该是有趣味的、基于故事游戏的、互动的、体验的。课程中可以设定一些情境和游戏活动，促使学员教师体验和积累经验。情境性、互动性、反思性是落实嵌入式学习原则的基本组成要素。

参与式学习。有效的学习方式是让参与学习的人亲身经历所要学习的知识。

---

① 卢维兰.成人学习理论对教师培训的启示[J].继续教育研究，2010(1).

② 赵红亚.二十世纪美国成人教育理论研究的历史回顾[J].河北师范大学学报（教育科学版），2007，9(3).

③ 派克.重构学习体验：以学员为中心的创新性培训技术[M].孙波，庞涛，胡智丰，译.南京：江苏人民出版社，2015.

培训过程中需要促进学员教师主动思考、观察现象、探究原因、剖析因素。

合作性学习。学员教师之间、指导教师与学员教师之间合作，形成多赢的培训格局。

(二)教师学习

近二十年以来，教师研究领域出现了一个较为明显的趋势，即研究者试图以教师终身学习来代替教师专业发展①。教师学习这一研究领域最早始于美国，1985 年密歇根州立大学教育学院成立的"美国教师学习研究中心"对教师学习的研究起了关键的作用。该中心的主要贡献在于阐明了转向教师学习的意义、教师学习研究领域的性质，以及教师学习研究领域的要素。这种转向的首要意义在于强调教师的主动性，同时也意味着突出教师知识的内生性。

罗杰斯(Carl Ransom Rogers)以学习发生时由谁来控制为标准对学习方式进行了区分，具体分为正式学习、非正式学习和偶发性学习。正式学习主要由学习机会的提供者控制；非正式学习主要由学习者控制；偶发性学习发生时无人处于被控制状态。沃特金斯(Karen E. Watkins)和马席克(Victoria J. Marsick)曾采取与正规学习进行对比的方法来定义非正式学习和偶发性学习。他们认为，正规学习以学校、教室为空间，是一种组织严密、制度严格的培养人的活动，而非正式学习，包括偶发性学习，是指从发生在正规计划、由机构发起或基于教室的活动以外的经验中获得的学习。②

布雷(John N. Bray)论述了教师合作探究的学习方式，并论证了其有效性。他认为，合作探究是教师承担自身学习环境责任的最佳方式，而且会对教师专业发展产生持久而有意义的影响。③

---

① FENWICK T J. Teacher learning and professional growth plans: implementation of a provincial policy[J]. Journal of curriculum and supervision, 2004, 19(3).

② WATKINS K E, MARSICK V J. Towards a theory of informal and incidental learning in organizations[J]. International journal of lifelong education, 1992, 11(4).

③ BRAY J N. Uniting teacher learning: collaborative inquiry for professional development [J]. New directions for adult and continuing education, 2002(94).

国内学者对教师学习方式的分类也进行了研究，如表 3-1 所示。

表 3-1 国内学者对于教师学习方式的研究

研究者	年份	分类视角或标准	教师学习方式的分类
张晓旭	2005	外显的形式	阅读性学习、在职培训、课题研究、网络学习、教育观摩和考察类[①]
朱仲敏	2008	学习的性质	(1)有意义的接受性学习(读书、听报告、参加学术会议等)； (2)实践参与性学习(日常课堂教学实践、观课评课、上公开课、专题研讨等)； (3)研究性学习(做课题、写论文等)[②]
张敏	2008	教师学习策略	反思实践、专业对话、阅读规划、观摩学习、记录研思[③]
周冬祥，陈佑清	2009	参与对象	(1)基于个人专业自主发展的研修学习(经验反思、资源学习、观察学习、课例学习、研究性学习)； (2)基于同伴互助共同发展的研修学习(同伴互助、小组合作研修、校际交流、区域协作研修学习)； (3)基于教师与专家互动交流的研修学习(名师工作室、教学现场专业对话、与高校教授专家互动交流)[④]
孙传远	2010	考察现实	在亲身教学实践中学习、同伴交流协作学习、短期培训学习、文本阅读学习、网络学习、研究生课程学习、观摩课学习、问题中心学习、读书讨论汇报学习、教研组研讨学习、正式职业之外的学习[⑤]
林正范，肖正德等	2013	学习活动的组织方式	(1)团队研讨式学习；(2)结对传承式学习；(3)个体反思性学习；(4)理论接受式学习[⑥]

随着社会的发展和信息技术的普遍应用，学者们对什么是有效的教师学习方

---

①张晓旭.教师学习：方式与反思[J].淮北煤炭师范学院学报(哲学社会科学版)，2005，26(2).

②朱仲敏.论中小学教师的学习方式及其实现途径[J].教育探索，2008(7).

③张敏.教师学习策略结构研究[J].教育研究，2008(6).

④周冬祥，陈佑清.论教师的研修学习方式[J].教育研究与实验，2009(1).

⑤孙传远.教师学习：期望与现实[D].上海：上海师范大学，2010.

⑥林正范，肖正德，等.教师学习新视野：生态取向的理论与实践[M].北京：教育科学出版社，2013.

式及如何变革做了积极的探索。其中，"教师专业学习共同体"受到普遍认可。为数不少的研究都认为，教师的学习最好在一个共同体中进行，构建教师专业学习共同体能够更好地促进教师学习与发展。舒尔曼夫妇(Lee S. Shulman & Judith H. Shulman)从教师观念的框架出发描述和分析了新教师和师范生面临的挑战，提出建立"学习者共同体"和保持学习的持续性，以达成对教师的终身教育。① 霍德(Shirley M. Hord)对教师专业学习共同体的理论与实践问题进行了长期深入细致的研究，提出了教师专业学习共同体的五大特征：共享的价值观与愿景、共同的责任、深思熟虑的专业探究、合作、小组与个人学习的共同提升。② 此外，任务导向型的学习也被认为是常见的学习方式。孙德芳通过与一线教师交流，发现在多样化的教师学习方式中，任务导向型的学习是比较有效的方式。其特点是融学习于任务之中，融理念于实践之中，融反思于活动之中。③

综上可以看出，教师学习的方式是多种多样的，既有正式或正规的学习，也有非正式或非正规的学习，而非正式学习和偶发性学习更能体现出教师作为成人的学习特点。以上分类标准或者层次的不同，导致教师学习方式的类型有些凌乱，即使在同一分类标准下，结果也存在包含和交叉的关系，因此有必要进一步从不同的研究视角和层面进行梳理。但仍可以看出，合作、实践、反思和行动是当前教师学习方式的关键词。

二、教学改进课程设计的理念

(一)学科理论与课堂实践相结合，突出实践课程

理论学习与教学实践是教师发展的两个重要渠道，理论与实践相结合是教师学习的必然路径。本次教学改进项目坚持这一原则，并适度突出课堂实践的内容。项目组在全面审视与新课程标准匹配的课程目标、内容要求和教学要求的基

---

①SHULMAN L S, SHULMAN J H. How and what teachers learn: a shifting perspective [J]. Journal of curriculum studies, 2004, 36(2).

②毛菊. 西方教师学习研究的发展及趋势[J]. 比较教育研究, 2013(8).

③孙德芳. 从外源到内生：教师学习方式的变革[J]. 人民教育, 2010(19).

础上，构建了适用于郑州市高新区数学教师的"理实结合"的课程体系，并以嵌入式方式开展理论课程。与此同时，项目组通过教学设计、说课、上课、研讨等环节检验教师对理论知识的理解与运用情况，实时关注教师的发展，把握教师的学习需求，动态调整课程内容。

(二)专家引领与学员自主学习相结合，促进自主学习

项目组的专家团队包括高校专家和一线教师，专家团队对学员教师的学科知识、教学知识和教学技能进行全面的指导。根据成人学习特点对教师培训的启示，关注培训当中教师的自觉性、自主性，通过形式多样的教学活动促进教师对自身教学行为的反思，提高其参与学习的主动性，从而提高培训效率。

(三)课程内容与教师专业发展相结合，关注可持续发展

课程的设计不仅着眼于本次课程目标的达成，还着眼于教师今后可持续性的专业发展。在项目推进过程中，运用问卷调查、访谈等多种形式，对教师的学习需求特别是内隐需求进行调查和研究，以便更加全面、深入地了解教师的发展阶段，并以此为依据深入研发课程内容，形成研训一体、交流合作、开拓创新的长效机制，同时开设自主阅读和分享交流的课程，进一步促进教师的可持续发展。

三、教学改进课程设计的原则

(一)问题驱动原则：围绕研修主题，找准关键问题

作为教学改进主题关键词的"项目学习"，无论是理论方面还是实践方面，对教师来说都是比较陌生的，因此相关内容的学习和应用需要找准关键问题。整体上看，教师首先需要深化认识，需要在行动研究的过程中掌握教学资源开发策略和实施策略，需要进一步优化"市—区—校"的协同教研和校本教研文化。由此，项目组开展了面向区域教研员的座谈和被培训教师访谈，明确待解决的三个关键问题：

第一，如何深化教师对问题解决能力和项目学习特征的理解？

第二，如何优化教师发展学生问题解决能力的教学策略，提升教师项目学习

的教学设计和实施能力？

第三，如何通过教学改进项目，优化学校教师的教研文化，促进教师的可持续发展？

(二)需求导向原则：关注教师需求，促进理论与实践能力双提升

教师培训是否有效，首先应该关注培训活动是否具有针对性，是否满足学习对象的需求。因此，做好培训需求分析是保证教师培训有效性的前提条件。作为指向未来社会的新型学习方式，项目学习得到较多关注。2019 年 6 月，中共中央、国务院印发的《关于深化教育教学改革全面提高义务教育质量的意见》提出，要强化课堂主阵地作用，切实提高课堂教学质量，开展研究型、项目化、合作式学习。2021 年，北京师范大学中国教育创新研究院联合北京师范大学学科教育团队等各方力量，成立项目学习研究中心，并与地方教育部门合作，开展指向核心素养的项目学习区域整体改革。有学者指出，项目学习是育人标准、教学内容、学习方式、评价方式四位一体的系统变革。

项目组根据区域测试的数据结果和对数学学科能力的把握，结合与实验区教研员的深度交流，了解了教师教学的现状和需求，在此基础上聚焦项目学习教学能力的提升，确定了"集体备课—嵌入式讲座—课堂教学实践—反思交流"的研修模式。项目组专家队伍结构合理，既有高水平的学术专家学者，也有实践经验丰富的资深特级教师，更有博士和硕士研究生团队的全程跟进。项目以单元整体教学和项目学习为载体，帮助教师形成区域范围内可交流的教学成果。项目的开展有效促进了教师教学理念的转变、教学设计与实施能力的提升，最终促进学生数学能力的提高。

(三)最大效益原则：点面结合，扩大研修受益对象与辐射范围

经多次沟通交流，项目组最初确定了两所样本校，之后在实地考察的基础上，又新增一所样本校，最后将以上三所学校的八年级教师作为重点考察对象。除核心成员外，本项目同时纳入了高新区内其他学校的少数初中教师，采取点面结合的方式共同推进。在具体实施过程中，指导教师团队集中审阅所有的教学设计并整体反馈，对优秀教学设计进行重点点评，在集体备课的基础上进行实地课堂教学实践和集中研讨交流。在阶段性汇报和展示时，扩大辐射面，在全区或全市范围内进行展示和研讨。实地教研时也会安排专家随机听课，并在课后聚焦项目主题进行指导。这些方式保证了项目核心成员最大程度地成长，同时使更多的人受益，促进了区域初中数学教学质量的整体提升。

四、教学改进课程的目标制订

(一)需求分析

1. 新时代的要求与挑战

新时代背景下，优化教学方式成为各学科教学共同的需求。我国基础教育的重要目标是着力培育学生的核心素养，帮助学生为未来的生活做好准备，更好地面对未来社会的挑战，而不是用过去的内容和方式教今天的学生去适应未来。课堂教学是教师和学生日常教学活动的主要阵地，课堂教学的组织形式逐步走向多元，教学方式由单一的教师讲授转变为合作、探究等多种教学策略并举的教学，学习方式由消极的被动学习转变为积极的主动学习。为了达成以上教育目标，教师需要优化教学方式，需要在课程与教学、学生学习评估等方面做出诸多改革与创新，重视学生学习的个性化差异，为学生创造多元的学习体验、沟通与合作的机会，培养学生跨学科与跨领域整合的综合能力。相对于传统教学来说，这是一项较大的挑战。问题解决和项目学习已成为教育教学的热点，国内已有不少的论文与课题研究成果，但是在实践层面，这仍是让一线教师感到最陌生且难以把握的教学方式。因此，教学改进项目需要对此进行目标递进式设计。

2. 教师作为成人学习者的需求

教师对研究主题的认识和实践需要经历一个过程。教师作为成人学习者，在培训中具有需要参与和合作的学习特点。例如，根据自己的教学实际需求确定学习需求，才能产生和保持学习动机；关注学习内容的实用性和实践性，希望将学到的知识与技能应用到实际教学中去，且能够产生可观察到的效果；善于借鉴与自己相似的经验，并在此基础上思考解决实际问题的方案；希望有表达个人意见和见解的机会，体现个人存在的价值；具有相对稳定的学习风格和理念，以及差异化的学习效率；等等。成人学习往往体现研修与自修一体的特点，因此要引导教师将集体研修具有的外在被动性与自主研修具有的内在主动性结合起来。

(二)目标定位

课程目标需要指出通过本课程的学习能够达成的目标。课程目标的定位有两大方面：一是教师成长，二是学生发展。

教师成长方面围绕三个层面展开：理念层面、认知层面和实践层面。

理念层面。教师通过课程学习，能够基于问题解决、项目学习等相关理论，结合数学课程标准的相关理念，有意识地优化教学方式，将提升学生学习能力、培育学生核心素养作为数学教学的重要目标。

认知层面。教师通过课程学习，能够理解问题解决和项目学习的内涵和本质、基本原理和方法，掌握学生高阶思维能力培养、以学生为中心的教学策略、创新课堂教学实践路径、学习评估的方式、教学反思的类型与方式等相关理论，对当前课程改革与教学方式变革，以及其背后的理论基础等有系统了解。

实践层面。教师通过课程学习和实践，能够掌握推进课程标准落地实施的教学策略，掌握指向问题解决和项目学习的课程资源开发策略和教学策略，提升项目学习资源开发能力、教学设计和教学实施能力，能开展相应的学习评估与教学反思，并将反思的结果积极运用于自身教学实践。

通过项目学习，学生将在以下方面得到发展。一是充分发挥学习的自主性，具有主体意识，发挥主观能动性和创造性，展示自信的学习状态。二是在项目学习的活动中，打破以往将知识割裂应用的弊端，逐渐学会综合利用多个学科或内容领域的知识来解决真实情境问题，具有合作学习的能力，同伴间能够相互理解。

在前期教学改进的基础上，结合区域教育部门与学员教师的具体需求，项目组制订了"基于项目学习的教学能力提升"项目的教学改进目标。

第一，通过专家案例式讲座和自主阅读的形式，使教师进一步深刻理解项目学习的特征、设计、教学和评价理念。

第二，通过集体备课、专家指导、听课评课等方式，帮助教师优化项目学习教学设计，提炼形成有效的教学策略和评价策略，提升教师的教学和评价能力，并在实践的基础上形成典型课例。

第三，通过开展调查、课堂观察、访谈和学生作品分析，精准地改进教学，提升学生学习数学的兴趣及问题解决能力。

第四，让教师体验与同行进行有效研讨，丰富与同行交流的经历，形成优质校本教研文化；通过专家实地指导，促进学校教师教学能力的可持续发展，并进一步在全区产生辐射和影响。

五、教学改进课程的内容确定

课程内容应充分体现课程目标，包括范围（即内容在水平方向上的安排）和顺序（即内容在垂直方向上的组织）两个方面①。

(一)课程内容的范围

选择课程内容包括三个步骤：第一，根据课程目标，将教师需要学习的全部知识技能点罗列出来；第二，确定课程中不可缺少的部分，也就是教师必须了解的核心内容；第三，选择一些可以扩充教师知识面的相关内容。

基于上面三个步骤，本项目的课程内容范围包括三个模块。

1. 理论学习模块

(1)《义务教育数学课程标准(2022年版)》解读

(2)项目学习的内涵及案例

(3)项目学习课程资源开发的路径

(4)项目学习教学设计的要素

(5)项目学习的课堂教学策略

---

①李方．教师培训管理工具箱[M]．北京：高等教育出版社，2010.

(6)项目学习的课例分析

(7)自主阅读的相关理论

2. 实践提升模块

(1)项目学习课程资源开发的实践

(2)项目学习教学设计的实践

(3)项目学习课堂教学的示范

(4)项目学习的课堂教学实践

3. 反思成长模块

(1)基于项目学习课程资源开发和教学所需的学科教学知识反思

(2)基于项目学习课程资源开发和教学所需的课例研究论文或报告撰写

(二)课程内容的顺序

整体上，每学期以"理论讲座—读书交流—集体备课—（教学示范）—课堂教学实践—反思交流"的形式展开一轮项目研修，其中寒假进行阅读学习和总结反思，如图 3-1 所示。

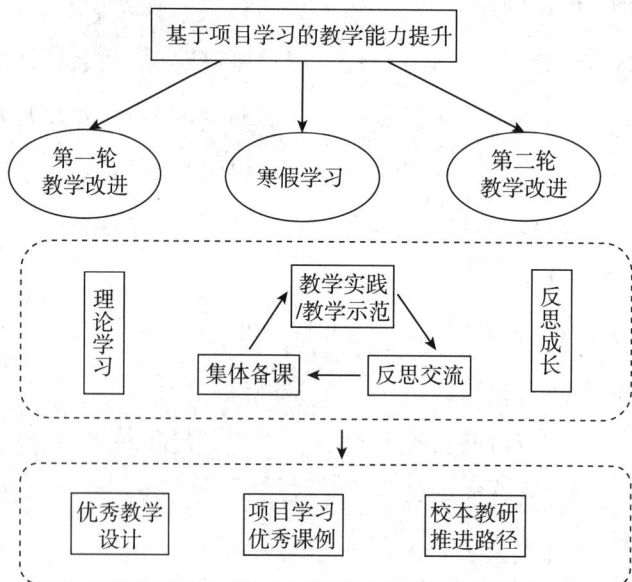

图 3-1　教学改进项目的课程内容组织

(三)课程内容安排

基于"深化教师对项目学习的认识,提高教师的项目学习教学设计和实施能力"的课程目标,改进项目分两轮开展。相应地,课程内容分布于两个学期进行,寒假期间也安排了学习内容。

1. 第一轮改进的内容安排

(1)项目启动:方案解读与前测交流

(2)专题讲座:项目学习的理论与案例开发

(3)集体备课:选题交流与第一次线上集体备课

(4)教学实践:第一次教学实践与听评课

(5)集体备课:第二次线上集体备课

(6)教学实践:第二次教学实践与听评课

(7)展示交流:阶段性教学成果公开展示与交流

(8)总结梳理:复盘总结、项目学习优秀教学案例整合

2. 寒假期间内容安排

(1)自主反思:基于项目学习实践的教学反思

(2)自主阅读:《怎样解题——数学教学法的新面貌》

(3)专题讲座:基于数学高阶思维的学生评价

3. 第二轮改进的内容安排

(1)阅读分享:寒假阅读作业的交流分享

(2)集体备课:组内选题与组内集体备课

(3)专题讲座:共研项目学习评价标准

(4)教学实践:第一次教学实践与听评课

(5)集体备课:班级集体备课

(6)教学实践:第二次教学实践与听评课

(7)专题讲座:如何开展校本课例研究与成果撰写

(8)展示交流:项目学习案例公开展示与交流

(9)成果提炼：本学期研修成果梳理与校本教研推进路径提炼

(四)课程师资

课程师资是保证课程实施效果的关键。初中数学学科组的项目负责人，也是本项目的首席专家，为"双一流学科"数学教育博士，研究方向为数学课程与教学论，主持完成教育部"十一五"和"十二五"规划重点课题，具有较好的数学教育理论功底和数学实践经验。在首席专家的带领下，有来自首都师范大学、北京教育学院、吉林师范大学的高校教师，以及北京市的特级教师，这些教师针对项目学习和教师发展均有丰富的教学经验。除此之外，还有北京师范大学博士和硕士研究生团队成员，在问卷的设计、发放、数据处理等方面具有较好的经验。可以看出，人员构成充分体现了专业联合、学科渗透、知识互融、信息丰富等优势。

六、教学改进课程的评价

课程评价是检测学习者目标达成度的活动，用于评估课程的优势与不足，是课程设计中必不可少的环节。

(一)对评价的定位

1959 年，柯克帕特里克（Donald Kirkpatrick）提出了四层次评价模型，即提出四级策略来评价培训项目的效果，分别是反应评价（学员满意度）、学习评价（知识、态度、行为方式等方面的收获）、行为评价（工作中行为的改变）和成果评价（参训者的工作业绩）（表 3-2）。这四个层次的评价是按如下顺序进行的：首先评价学员反应，其次评价学习效果，再次评价行为改变，最后评价最终成果。四个评价层次由表入里，环环相扣，逐层深入，循序渐进，实施难度从易到难。每一个层次的评价都需依靠上一个层次的评价结果，即教师因接受培训而产生相应的反应，因反应而引导自身学习，因学习而引起在工作中的行为变化，因行为变化而促进教学质量的提升。

表 3-2 柯克帕特里克的四层次评价模型①

评价层次	内容	可询问的问题	衡量的方法
反应层	观察教师的反应	1. 教师喜欢该培训课程吗？ 2. 该培训课程对教师有用吗？ 3. 教师对培训者及培训设施有何意见？ 4. 教师课堂反应是否积极主动？	问题调查、评估调查表、评估访谈
学习层	检查教师的学习结果	1. 教师在培训项目中学到了什么？ 2. 培训前后，教师在知识、技能等方面有多大程度的提高？	评估调查表、笔试、绩效考核、案例研究
行为层	衡量教师学习前后的工作表现	1. 教师在行为上有无改变？ 2. 教师在工作中能否用到培训所学的知识、技能？	由上级、同事或学生进行绩效考核，测试、观察和绩效记录
成果层	衡量教师所在学校业绩的变化	1. 教师的改变对学校的影响是否积极？ 2. 学校是否因教师参加培训而变得更好？	平均分、优秀率

根据四层次评价模型，在学期间，教师至少应该达到前两个水平，即反应层和学习层，并走向行为层。成果层的表现需要参考下一次郑州市数学教育质量监测结果。

（二）编制评价问题清单

编制评价问题清单是为了确认、分析和评价项目推进过程中遇到的问题，其价值非常重要。阶段性评价问题清单如表 3-3 所示。

表 3-3 阶段性评价问题清单

问题简要描述	发现问题的依据	产生问题的原因	问题解决的策略与可能性	备注

---

① 陈霞. 教师培训课程设计[M]. 上海：上海教育出版社，2019.

(三)检测学习者目标达成度

本次教学改进课程的考核评定由三部分组成：出勤、学习表现与教学实践、教学案例撰写(表 3-4)。

表 3-4 课程考核评定的要求

考核项目	所占比例	考核说明
出勤	20%	原则上按照优秀（≥90%）、合格（≥80%）、不合格（<80%）进行等级评价，结合学习表现与师德表现调整
学习表现与教学实践	40%	学员教师的听课表现、发言表现、课堂任务完成情况、教学实践等
教学案例撰写	40%	在本课程涉及的主题中，任选一个项目学习主题，撰写案例并进行分析和反思
"综合考核优秀"依据上述考核中优秀等级数量择优按比例要求确定；"优秀成果"依据成果辐射考核结果择优确定。		

其中，项目学习教学案例评分标准如表 3-5 所示。

表 3-5 项目学习教学案例评分标准

指标	很差	较差	一般	较好	很好
案例描述具体、完整	2	4	6	8	10
理论应用准确	2	4	6	8	10
应用理论对案例的分析深入、系统，能厘清问题的性质和原因	2	4	6	8	10
能提出解决问题的办法	2	4	6	8	10
对自身教育教学行为的反思深入	2	4	6	8	10

中　篇

教学改进实践

　　本篇包括项目学习课程资源开发、项目学习课堂教学实施、改进实践中形成的工作机制三个方面的内容，从实践的角度介绍了教学改进项目开展的具体过程和内容。首先，在了解课程资源内涵和意义的基础上，梳理了项目学习课程资源开发的原则、思路和标准，形成了项目学习课程资源的开发路径，以及相应的步骤和工具模板。其次，借鉴巴克教育研究所基于黄金标准的项目式教学实践，对七个核心项目设计要素、改进中形成的项目学习课堂教学实施的一般过程及教学策略进行阐述。最后，呈现项目组经过两年的教学改进实践所形成的宏观区域层面的工作路径、中观层面的学科教学改进模型和微观层面的课程实施模式。

第四章　项目学习课程资源开发

【本章提要】

在"数学项目学习的设计与实施"这一教学改进主题下，项目学习课程资源开发是一项重要的教学改进内容。本章对课程资源的内涵和类型、课程资源开发的意义以及当前存在的问题进行了介绍，阐述了项目学习课程资源开发的原则、思路和标准，呈现了项目学习课程资源的开发路径，以及相应的步骤和工具模板。

一、课程资源的内涵及意义

(一)课程资源的内涵

课程资源涵盖较广泛，课堂所用的教科书、学习资料、教师教学参考书，以及在课程与教学活动中所用到的潜在资源通常都可以归为课程资源。著名的课程理论专家泰勒认为可以从四个方面来关注课程资源：课程目标、教学活动、教学活动组织、课程评价，具体指向了课程编制需要了解的知识、背景和条件。① 课程资源既包括对课程理念形成、目标确定、内容选择、课程实施和课程评价等有价值的知识和经验，又包括能保障课程与教学活动顺利进行的人文环境、物资设备和教学素材。广义上的课程资源是指课程与教学活动中所涉及的资源，既包括能直接应用的材料、素材等，也包括间接的、潜在的，甚至并非专为教学而存在的资源。而狭义上的课程资源主要是指对课程和教学活动形成直接影响的内容，其影响是最为直接的，如教材。根据《义务教育数学课程标准(2011 年版)》，数学课程资源是指应用于教与学活动中的各种资源。

---

① 黄甫全．现代课程与教学论学程[M]．北京：人民教育出版社，2006.

(二)课程资源的类型

由于课程资源概念的广泛性，其可以涵盖所有与课程和教学相关的方面，由此也带来了课程资源分类的多样性。从教学活动空间的角度看，课程资源可以分为校内课程资源和校外课程资源；在学校范围内的都属于校内课程资源，在学校范围之外的都属于校外课程资源。从资源本身的属性上，可以分为素材性资源和条件性资源，素材性资源是构成课程的因素，是课程的来源，如知识、技能、经验、活动方式、情感态度等；条件性课程资源主要指经费、时间、场地、设备、仪器等。① 还有学者对课程资源分类进行梳理，发现课程资源主要有以下形式：文本形式，如教材、资料等；活动形式，如学生的活动、实验、作业等；课程环境或物质条件、精神条件等形式，如图书馆、思维习惯、语言表达习惯等；以人为中心、以物为中心、以环境为中心的存在形式；以用途为标准的不同形式，如帮助学生掌握知识为主的、培养学生能力技能为主的、培养学生人格发展为主的等。② 各类课程资源之间存在互补性。

按照 2011 年版数学课程标准，数学课程资源主要包括文本资源，如教科书、教师用书等；信息技术资源，如网络、数学软件、多媒体光盘等；社会教育资源，如教育与学科专家，图书馆、少年宫、博物馆，报纸杂志、电视广播，等等；环境与工具，如日常生活中的数学信息，用于操作的学具或教具，数学实验室等；生成性资源，如教学活动中提出的问题、学生的作品、学生学习过程中出现的问题、课堂实录等。根据数学项目学习的特点和目的，项目学习课程资源主要属于文本资源，起着承担数学教学任务或者辅助数学教学活动的作用。

(三)课程资源开发的意义

1. 有利于教师专业成长

课程资源开发不仅是课程有效实施的必要环节，也是教师专业成长的一条理

---

① 吴刚平 . 课程资源的理论构想[J]. 教育研究，2001(9).

② 彬彬 . 教师开发利用课程资源研究[D]. 吉林：东北师范大学，2015.

想途径。课程资源是外在的、对象性的，需要主体主动去认识。[①] 教师是课程资源开发的主要参与者，在课程资源的开发过程中教师能够实现自身的专业发展。教师的专业发展是一个过程，在这个过程中教师不断了解教学规律，掌握教学技能，从新手教师过渡到熟手教师，最后成为专家型教师。课程资源的开发将会大大促进教师这一专业化的进程。

第一，课程资源开发会成为教师专业发展的推动力。在传统教学模式和教学理念下，教师依据教材不断传授知识，是教学活动中的权威。但是在课程改革的不断深化下，学生接触的信息、资源不断丰富，这对教师的知识权威提出了挑战。如果教师还满足于原有知识结构，而不去适应新的变化，将会导致个人的教学面临危机。课程资源的开发拓宽了知识传播的渠道，使科学知识和人文知识交融，迫使教师重新评价自己的知识结构和素质要求，不断推动自身的专业成长。[②]

第二，课程资源开发促进教师的教育认识水平提升。教师对教育认识的过程是随着教学年龄增长而变化的，通常情况下会随着教龄的增加有更深刻的体会和认识。这种认识不仅包括对教师职业的认识，也包括对所任教学科知识体系和教育理念的认识。在理想状态下，每一位教师都应该有坚定的职业信念，拥有最先进的教育理念，以及对学科最精准、全面的把握，但这显然是不现实的。不过，随着教师专业发展的进程，教师会逐渐加深对教育的认识。在课程资源开发的过程中教师要了解教育教学的目标、内容，了解课程资源的种类、分布，了解课程资源开发与实现课程目标的关系，设计开发的程序和方式，评估开发所产生的效果。这些思维过程是对教育和教学重新认识的过程，会促使教师不断修正自己的观念和价值体系，不断提高对教育教学的认识水平。

第三，课程资源开发促进教师专业能力和技能的发展。我国的师范教育体

---

① 段兆兵. 课程资源的内涵与有效开发[J]. 课程·教材·教法，2003(3).
② 李定仁，段兆兵. 论课程资源开发与教师专业成长[J]. 教育理论与实践，2005，25(6).

系，培养了一支庞大且优质的基础教育教师队伍，确保了基础教育阶段课程教学的顺利实施。教师虽然成长在非常专业的培养模式下，但不可能一毕业就成为专业化的教学人才，而要在真正的教学岗位上不断提高自身能力。能力的提高既需要时间，也需要载体。课程资源开发的程度和水平，开发的效果和意义，更多依赖教师的智慧和创意。更为重要的是，教师在课程资源开发的实践中，会经历反复操作和练习等活动过程。在这一过程中，教师的能力和从事教育教学的专业技能将得到发展。

第四，课程资源开发促进教师知识结构的优化。现阶段，我国教师在学科知识方面拥有很好的基础，特别是"双基"方面有着很大的优势。但是当前的教学已经不是单纯的学科知识传授，而是一个复杂的教学生态系统，对教师的综合知识提出了新的要求。课程资源的开发会促进教师将教育理论和教学实践结合起来，提高教师的教学专业知识。同时，在课程资源的开发过程中教师需要跳出原有的学科知识体系，将大量其他学科或者社会方方面面的知识融合在一起，在这个过程中教师会不断学习新知识，掌握新技能，优化自身知识结构。

第五，课程资源开发促进教师对自身角色的认识。在传统的以教师为中心的教育理念下，教师不仅拥有知识上的权威，也是教学活动的组织者和管理者，教师的主要任务是传道授业解惑。然而随着时代的发展，单纯地解答问题、传授知识已经不能满足教学要求。学习已经从以教师为中心转变为以学生为中心，在这样的背景下，教师将会从知识讲授者变成学生学习的引导者，甚至是与学生一同学习的学习者，教师与学生形成了一个学习共同体。而在课程资源开发的过程中，教师将和学生一同学习，改变以往固有的角色定位。

2. 有利于促进学生的成长

21世纪初，我国基础教育开始了一轮改革大潮，制定了新的课程标准，推行了新的教育理念，倡导在教学中要以学生为中心，其最终目的是更好地促进学生的成长。课程资源的开发能在一定程度上促进学生的成长。

首先，有助于促进学生的社会参与性。在传统的教学中，学生的学习活动多发生在学校内部，以及少量在家庭中完成，学生很少有机会接触社会环境。随着课程资源逐渐丰富，学生的学习活动将打破这种家庭和学校的二元模式，学生将有更多机会接触社会环境。例如，在一些知识的学习中，学生需要以小组形式到校外的很多地方进行调查，收集数据。在这个过程中，学生将真实地接触社会环境，增强适应能力。

其次，有助于学生角色的更新与适应。学生正在逐渐成为自主学习者、知识探究者、合作学习者、社会实践的积极参与者。[1] 传统的课堂以教师讲授为主，教师引导学生进行学习，学生多是被动地接受知识。而在项目学习课程资源中，学生将成为学习活动的中心，有大量的机会进行自主学习，教师成为引导者、辅助者、评价者，在这样的过程中学生将极大地锻炼自主学习能力。自主学习的过程也是探究的过程，学生通过观察、实验、操作、调查、信息收集、表达等，开展探究活动，锻炼探究学习的能力。

最后，增强学生的沟通合作能力。有的课程资源需要学生与同伴合作完成任务，由此锻炼学生的合作交流能力。有的课程资源涉及社会环境，需要学生走出学校到社会中开展调研、访谈等，由此提高学生与人沟通的能力，也使学生能够参与社会活动，增强社会实践能力。课程资源的开发打破了原有只以教材为全部学习资料的模式和观念，学生会接触到大量的真实问题，使自身的多项能力得到提高。

3.有利于促进学校的发展

学校必须从我国的国情出发，根据统一性和多样性相结合的原则，实行多种形式办学，培养各种类型的人才，走符合我国和各地区实际的发展教育的路子。而形成学校办学特色的最有效的方式就是开发特色课程资源。现阶段我国实行三级课程管理体系——国家课程、地方课程、校本课程，其中校本课程的开发和实行由学校自主决定，这不仅赋予了学校极大的办学自主权，也使学校办学具有特

---

[1]李森，陈晓端.课程与教学论[M].北京：北京师范大学出版社，2015.

色成为可能。我国幅员辽阔，学校也各具特色。例如，有的学校是民族学校，有的学校所处地理位置具有历史和文化因素，有的学校是特殊企业、高校的附属学校等。学校可以依托这些特有资源开发课程，形成独具特色的课程资源。另外，独具特色的课程资源也会促进学校形成特色的学校文化，进而在办学理念、办学目标等诸多方面形成自己的体系。

综上所述，课程资源的开发不仅能够帮助教师专业发展，帮助学生提高能力，也能促进学校的发展。

(四)当前课程资源开发存在的问题

现阶段很多学校都非常重视课程资源开发，一些学校甚至把开发具有学校特色的课程作为重点工作。但是从整体上看，还存在很多问题。例如，学校普遍重视双基要求，忽视综合素养的提高；教师观念相对落后，缺乏课程开发能力；课程资源形式相对单一，校外资源十分欠缺；等等。

从数学项目学习本身的特点可以看出，数学项目学习课程资源的开发能够在一定程度上缓解这些问题。首先，数学项目学习的开发主体是教师，同一所学校的不同教师可能开发出不同的课程资源，但都需要教师转变自己的观念，学习开发课程资源的相关知识，由此得到专业化的进步。其次，通过数学项目学习，学生能够改变传统的学习方式，从听教师讲变为自主探索，寻找问题的答案，同时学生还需要和同伴合作完成任务，创造性地给出答案或进行作品制作，这就打破了原有课堂的边界，能够更大程度锻炼学生的能力。最后，数学项目学习课程资源开发中涉及的知识内容是以数学学科为基础，通常情况下具有一定经验的数学教师能够独立开发出课程资源，且这些资源与学生的数学学习是相辅相成的，并不会产生冲突。由此，数学项目学习课程资源开发和应用不会产生太大阻力，同时稳定实施后加以梳理还可以形成一套基于数学学科的项目学习课程资源体系，进而成为学校特色课程。

二、项目学习课程资源开发的原则、思路和标准

数学项目学习的课程资源是进行数学项目学习的基础，只有以相对可行的课程资源作为依托才能进一步开展项目学习。由于项目学习本身的开放性，其课程资源也具有很高的开放性，但并不是任何课程资源都可以用于开展项目学习。通过实践梳理，有四个主要原则需要在课程资源开发中密切关注。

(一)项目学习课程资源开发的原则

1. 知识针对性

项目学习的实施要有具体目的，而不能单纯为了开展活动，项目学习背后所承载的知识必须清晰明确。例如，让学生收集资料，开展一个有关古诗词的鉴赏项目。从项目本身来讲，这个项目是一个好项目，但是从数学学科的角度看就失去了其基本价值，此项目与数学的关联太弱，难以承载数学知识的教学。因此，在数学项目学习课程资源的开发中，首先要明确项目所承载的数学知识内容，所开展的项目一定要能够很好地应用该知识，达到通过完成任务学习知识的目的。

2. 成果操作性

可操作性是项目学习课程资源开发中要关注的另外一个原则，一个设计好的项目并不一定能够完成，原因可能是学生知识储备不够，可能是学校环境不允许，也可能是时间、空间不满足等。因此，课程资源开发一定要考虑学生现实背景，既要符合学生认知能力，也要适合学校、班级的现有条件。只有让学生经过一定的努力、思考后完成项目，才能使背后的数学知识得以充分体现。

3. 情境适切性

项目背景的选择要多是生活性的，要与学生的认知、经验相匹配。如果选择一个科学性特别强的背景，或者离学生生活较远、难以接触到的背景，就可能会使学生失去兴趣。例如，城市学校的项目背景中出现地铁、机场等是可行的，但是在农村学校这些素材就不太合适。具体要取决于学校的实际情况，由教师进行把握。

4. 流程逻辑性

在项目学习的过程中，学生需要根据驱动问题的要求完成预先设计好的任务，在一个项目实施过程中，学生可能要完成多个问题，而每一个问题都对应着不同的知识内容。由于数学学科具有很强的逻辑性，知识之间往往构成了一定的逻辑关系，知识学习的先后顺序就变得十分关键。在项目学习课程资源开发的过程中也要注意数学知识的逻辑顺序。驱动问题以及子问题的解决不能涉及没有学习到的知识。项目任务的解决不仅要满足实际背景下的逻辑顺序，更要符合数学知识应用的逻辑。

(二)项目学习课程资源开发的思路

1. 突出针对性

为实现课程的有效性，需要突出资源的针对性。课程资源的适用对象需要进一步细化，明确标注资源适用的年级。同时要按照资源的内容和性质，科学全面地标注资源所属数学领域，注重开拓项目所涉及的学习领域，若项目涉及跨学科，则需要注意其跨学科属性，说明所涉及的学科及其学科知识和学科素养。

2. 注重实践性

为实现课程的有效性，课程资源开发需要注重实效性，强调学以致用。在保证适度理论性和学术性的基础上，强调贴近教师专业发展实际，以教育教学现实问题为导向，以案例为载体，以例释理，理论与实践融合。以课例研究的方式开发课程资源，并在实践中改进和优化。

3. 体现创新性

课程资源开发要在总结已有成果的基础上，突出课程的创新性，体现信息时代的特点。资源内容要贴近深化教育改革背景下教师专业发展的新要求，体现教师专业发展研究的新态势。要立足教育教学改革的前沿，生成教育教学研究新成果，可以包括教学案例、教学设计，也可以包括教学视频。

(三)项目学习课程资源开发的标准

1. 6A 标准和黄金标准

项目学习课程资源开发的标准可以参考当前普遍认同的 6A 标准(表 4-1)和黄金标准(表 4-2)。

表 4-1　项目学习课程资源开发的 6A 标准

标准	不合格	基本合格	非常好
真实情境	• 项目与现实世界有很小或几乎没有关联 • 项目提出的问题对学生没有什么意义 • 学生的项目作品没有适合的对象人群	• 项目能够模拟真实世界的活动 • 项目提出的问题对学生是有意义的 • 有合适的对象人群来观摩学生的项目作品	• 项目所要解决的问题正是现实世界中成年人要面对和解决的问题 • 项目提出的问题对学生是有意义的 • 有外部的对象人群来观摩学生的项目作品
强调核心知识	• 项目的驱动问题不是基于课程标准的 • 对于要掌握哪些关于核心概念的知识,项目并没有明确的要求 • 学生不需要学习新知识和技能就能够完成项目 • 项目目标中没有涉及学生的思维习惯培养	• 项目的驱动问题是基于课程标准设计的 • 对于掌握哪些与核心概念有关的知识,项目有明确的要求 • 学生需要学习一些新知识和技能 • 项目对以往培养的思维习惯有加强的作用	• 项目的驱动问题设计得很清晰,符合课程标准(明确是国家标准、学区标准,还是学校标准) • 项目对学生掌握与核心概念有关的知识既有广度、又有深度的要求 • 学生能够在项目中发展新的思维习惯(如提出问题的能力、语言和思维的准确性、毅力等)
强调应用	• 学生不能把新知识应用于解决问题中 • 没有要求学生进行团队合作	• 学生把新知识应用于解决问题中 • 要求学生进行团队合作 • 学生通过自我管理来提高学习成绩	• 学生把新知识应用于解决真实且复杂的问题中 • 学生使用多种高效工作与组织技能(如团队协作,恰当使用技术,沟通思想,收集、组织和分析信息等) • 学生系统地使用自我管理方法(如制订工作计划、对工作进行优先排序、按时完成任务、识别并分配资源等),以提高团队绩效

续表

标准	不合格	基本合格	非常好
强调学生的积极探索	• 不要求学生进行探究活动 • 学生从教科书上或其他二手资料中收集信息 • 学生只使用教师提供的原始数据	• 学生进行探究活动 • 学生从一些有限的信息源中收集信息	• 学生进行实地的探究活动（如采访专家、进行问卷调查、查阅互联网资料等） • 学生应用不同的方法，收集大量一手信息（如采访、观察、收集数据、构建模型、在线服务等）
强调与成年人生活的联系	• 学生与校外的成年人没有联系	• 学生与校外的成年人有部分接触（如来校做讲座的人士等） • 教师或其他教职员工扮演"校外专家"，与学生接触	• 学生与校外的成年人有多种联系，这些校外成年人有相关的专业能力和工作经历，学生可以向他们提问题，并获得相关的反馈和建议 • 学生有机会观摩并与成年人一起工作，观摩内容和工作内容与学生的项目有关 • 校外成年人帮助学生理解"项目中的工作"在实际环境下的标准是什么
评价的实际应用	• 在项目开始阶段，没有向学生解释项目成果的评价标准 • 项目只有最终作品（一个成果展览或者讲解演示），没有阶段性作品	• 在项目开始阶段，向学生清楚地解释项目成果的评价标准。在项目开展过程中，学生不定期地得到教师、辅导员和同伴的反馈 • 项目有多个作品产生 • 项目最终作品是一个成果展览或者讲解演示，能够呈现出学生对掌握的知识和技能的应用能力	• 学生参与项目评价标准的制订 • 学生使用多种结构化的自评工具（如项目日记、同伴会议、辅导员会议、评价表等） • 项目实施过程中，学生经常且及时地收到老师、辅导员和同伴的反馈 • 项目最终作品是一个成果展览或者讲解演示，并且有合适的观摩者（听众）参加 • 项目有多个作品，所有的作品都与项目的学习目标相吻合

表 4-2　项目学习的核心项目设计要素（黄金标准）

要素	描述
具有挑战性的问题或疑问	不应太难或太简单。恰当的挑战或问题能将学生置于舒适区的边缘，由此延展他们的思考力。开放式的问题和结构混乱的问题允许有多种可能"正确"的答案或解决方案
持续探究	从项目启动到最终反思，学生都在进行深度探究，寻求理解。这意味着他们需要提出问题、开展研究、实施调查，然后权衡证据以得出答案。驱动问题能串联和聚焦整个探究过程，并导向学习目标。学生在驱动问题的基础上的追问被称为"须知问题"（即为解答驱动问题而必须掌握的问题），它被用来协助项目进程中的持续探究
真实性	通过尽可能将学习内容和现实世界关联起来，提升学生在项目中的参与度。寻找学习内容与现实世界联系的方法包括： ·真实的环境。问题或挑战不是假的或模拟出来的，而是很容易与课堂之外的世界建立联系的； ·学生正在做的任务、正在用的工具，以及需要参考的标准。这些能够真实反映现实世界中人们是怎么解决问题和提出方案的； ·工作所能产生的影响。学生能够看到他们的付出是很重要的。 当项目与学生的个人兴趣、关注点、价值观和文化相联系时，它将具有真实性
学生的发言权和选择权	学生自己做决定，并在整个项目中表达和捍卫自己的观点
反思	在整个项目实施过程中，提示学生思考他们自己的学习情况。反思能鼓励学生思考，思考他们正面临的挑战、已经克服的困难，以及产出作品的质量
评价与修正	批判性反馈和修改。在形成最终成果的过程中，学生在批判性反馈和修改的循环中改进他们的作品（并深化他们的学习）。来自多方面（包括老师、同伴和外部专家）的形成性评估，会为学生提供有用的、可操作的信息，帮助他们改进作品
公开展示项目成果	项目成果可以是一个实实在在的东西，也可以是一个解决方案的展示或是对一个问题的回答

2. 项目学习课程资源设计标准（七要素标准）

在 6A 标准和黄金标准的基础上，项目组研制了项目学习课程资源设计标准（七要素标准），如表 4-3 所示。

表 4-3　项目学习课程资源设计标准(七要素标准)

要素	描述
驱动问题	• 具有一定复杂度和挑战性,将学生置于舒适区的边缘 • 具有开放性,允许多种可能"正确"的答案或解决方案 • 能串联和聚焦整个探究过程,导向学习目标的达成
真实性	• 提供真实或接近真实的情境 • 研究过程能真实反映现实世界解决问题的过程 • 项目成果具有一定的现实意义
双主线	• 知识线体现课程标准的要求,包括对学生掌握知识的广度和深度要求;任务线体现连贯性,能够发展学生的数学思维和核心素养 • 知识线和任务线清晰明确且互相交织,同时推进
持续探究	• 驱动问题分解为若干子任务 • 每个子任务以问题串的方式使学生经历持续探究 • 活动围绕学生提出问题、开展研究、实施调查、寻找证据、得出答案的过程展开
成果展示	• 对项目成果进行明确界定 • 设计学生展示交流环节
自主与合作	• 活动设计体现学生的独立思考与自主表达 • 活动设计体现针对关键任务的小组合作交流
评价与反思	• 制订项目评价标准,包括项目过程评价和项目成果评价两个方面 • 引导学生反思成果形成的过程与结果,进一步深化知识学习、完善成果

三、项目学习课程资源的开发路径

　　课程资源的开发主要依托学校进行,其中教师是最核心的力量。在具体开发过程中,教师可以组建团队开发项目学习课程资源(图 4-1),也可以单独开发项目学习课程资源(图 4-2)。两种不同方式在开发路径上基本一致。

　　项目学习的课程资源应该使学生更容易理解所学的数学内容,它能更容易激发学生的学习兴趣,使学生快速进入问题情境当中,并按照项目预设进行数学学习。数学项目学习的课程资源应是知识、情境、方法的融合,而并非一个简单的任务提出。在具体操作上,需要按照课程标准的要求,严格化、精细化地设计每一个环节、流程。图 4-1 和图 4-2 给出了两种开发模式下的几个主要流程,但是在具体的资源开发中，最难的是如何从最初设定的目标到最后形成初步的文本材料，即项目学习要怎么设定目标？怎么选取项目背景？怎么设定驱动问题？怎么设定作品成果？等等。

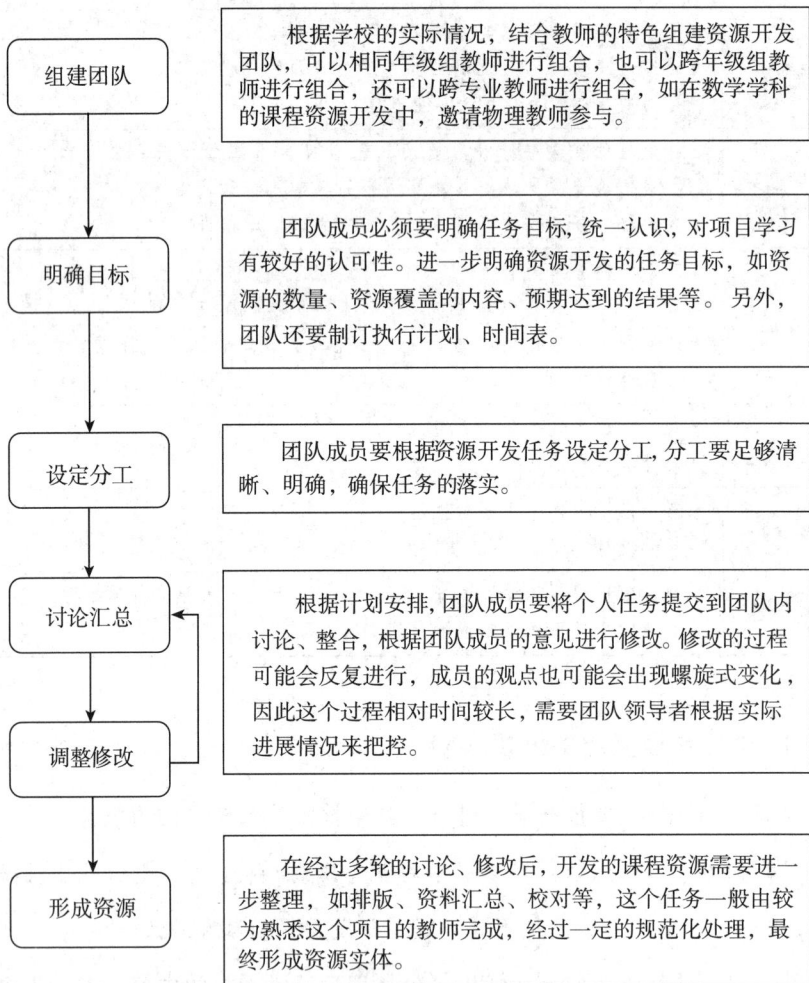

图 4-1　基于团队的课程资源开发流程

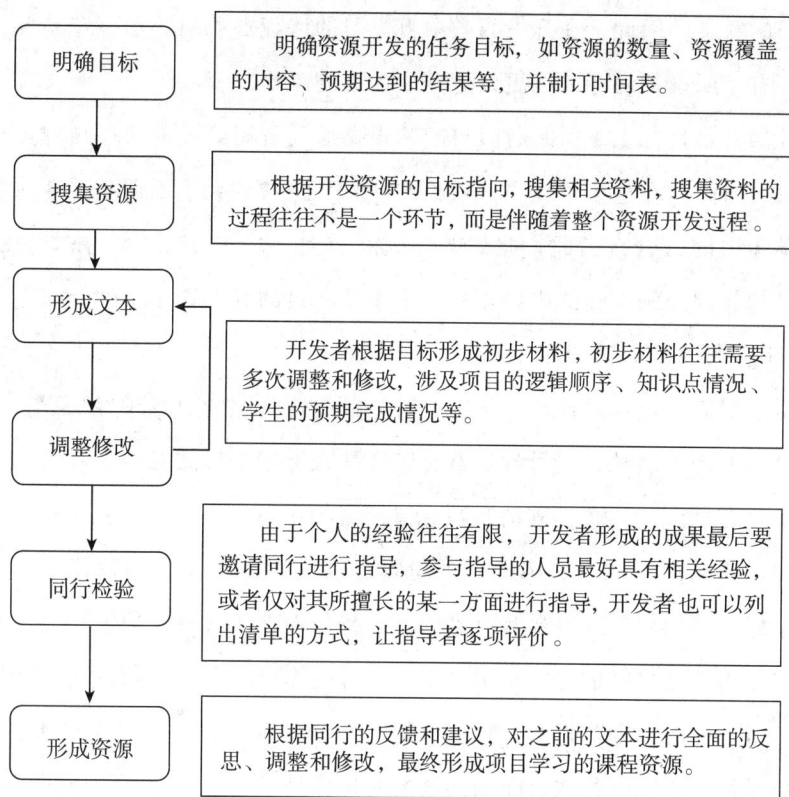

图 4-2 个人课程资源开发流程

1. 基于课程标准确定项目目标

数学项目学习虽然在学习形式上比较自由，学生有更多的发挥空间，但本质上仍然是数学学习。学生要在项目学习的过程中获得数学知识，项目要求学生所使用的知识和技能仍是课程关注的焦点内容，但项目学习不是传统教学的补充。因此，数学项目学习课程资源的开发一定要依据课程标准进行，不能仅考虑项目情境本身；不能因为某个项目中可以用到数学知识，就引导学生去完成一次"数学项目学习"活动。在具体的课程资源开发中要先明确项目目标，项目目标的确定要结合课程标准的要求，或者可以说项目目标就是为了实现课程标准的要求。一个数学项目学习的课程资源是否适合学生学习，首先要用课程标准来衡量，严重超出数学课程标准的项目是不合适的。反之，项目要求低于课程标准也会失去数学学习的意义。因此，在开发数学项目学习的课程资源时，第一步是要明确项目目标，有了明确的目标才能更好地开展后面的工作。

此处的项目目标仅是"知识性目标"，根据后面资源开发的实际情况，还要增加"项目性目标"。在这个过程中，项目的"知识性目标"会不断调整并兼顾项目情境与数学知识的融合。因此，此处的"目标"仅是一个初定目标，并非最终的目标，但是却起到提领项目的重要作用，为整个项目的开发奠定基础。

2. 联系生活实际设计驱动问题

项目学习需要复杂的任务，学生在解决挑战性问题的过程中经历设计、问题解决、决策或调查活动；项目学习最终以产品或陈述等形式结束。项目学习最大的特点是要有"驱动问题"，驱动问题直指最后的作品成果，学生在进行项目学习时要首先从驱动问题入手。因此，驱动问题也成为驱动学生进行深入学习的关键。一个好的驱动问题一定要具有趣味性、操作性、真实性、简洁性。

首先，兴趣是最好的老师。很多研究者都指出学生不爱学习的主要原因是没有兴趣。所以驱动问题的设置一定要有趣味性，要能激发学生的求知欲望，让学生投身项目活动中来。其次，驱动问题要有操作性，有时一个可以激发学生兴趣的问题容易找到，但是切实可行的却不多。对于初中学生而言，自身掌握的知识和占有的资源非常有限，对他们提出高精尖类的项目问题是不可行的，所以驱动问题一定要让学生能够应用自身的知识和即将要学习的知识来解决。与此同时，项目的开展一定要考虑学校的具体情况，符合学校的资源配置现状。再次，驱动问题要具有真实性。真实性是指驱动问题的选择要尽量贴近生活实际或者数学实际。如果让学生在完成一个生活实际任务，或者在解决一个实际问题的过程中学习数学，将会彻底改变学生对数学的偏见。当学生能够看到数学在现实生活中的实际用途时，他们更有可能理解数学概念和原理，而不仅仅是记忆公式和解题步骤。此外，解决真实性问题往往需要跨学科的知识和技能，这有助于学生理解不同学科之间的联系，发展系统思维和综合思考的能力。最后，驱动问题的设计要有简洁性。尽量用一句话表达要做的工作，可以使用以"如何""怎样""为何"等疑问词开头的一句话作为驱动问题的表述。虽然只有一句话，但是却包含了很多信息，既有数学知识的内容又有项目作品的要求，这样的设计往往能够激发学生的学习兴趣，使其尽快投入学习当中。

3. 梳理知识脉络调整项目结构

在明确了项目目标，设计好驱动问题之后，就进入了资源开发的主体部分——项目学习课程资源的主体内容。在一些已经开展的数学项目学习活动中，学生在领到了驱动问题后往往进行小组合作完成任务，但过程中既没有具体的参考资料，也没有相关的辅助资源。笔者认为数学项目学习的重点要依托数学课程标准，如果让学生进行过于宽泛的项目思考，会让学生忽视数学知识的学习，也不利于教师的指导，同时还失去了进行数学项目学习的意义。因此，在开发项目学习的课程资源时一定要为学生细化项目流程，搭建相对成熟的项目进展框架。要让学生的活动处在一个可控的范围内，而这个"可控"就是围绕数学知识的学习。鉴于此，资源的开发者要根据设计的驱动问题进行后面的流程设计，项目设计者要预先完成一次项目学习的全过程，在这个过程中为学生剖析出项目的流程，进一步明确项目作品所需要的数学知识，进而确定项目的子任务。再根据子任务的情况，分割成若干个子问题。最后结合具体情况，确定学习方式是自主学习还是合作学习。

这一环节的主要目的是明确项目学习流程的同时，进一步细化学习的目标。经过这一环节的设计，课程资源的内容框架已经搭建完毕，形成了由项目目标、驱动问题、子任务、子问题构成的四级框架结构（图4-3）。

图4-3　项目学习课程资源的内容框架

4. 根据实际学情制订作品要求

项目作品是项目学习的最终成果，也是区别于其他形式学习的重要特点。作品的形式可以多种多样，可以是实物类的，也可以是虚拟类的；可以是创意类的，也可以是活动类的。具体呈现形式也可以丰富多彩，可以是模型、海报、

PPT、黑板报、小短剧、诗歌朗诵等。总之，作品并不拘泥于形式，这个环节要最大可能地激发学生的创新意识，锻炼学生的合作能力和沟通能力。一个好的项目作品要求至少兼顾两方面的考虑——知识性和可行性。一方面，作品是进行项目学习的实体呈现，这种呈现一定不能忽视数学知识的呈现。因此，在项目作品的要求中要能够体现出数学元素，如要用到所学的几何图形知识等。如果作品中没有体现数学知识，即使作品非常有创意，也会影响最后的评价。另一方面，作品的要求要符合学校的资源配置、学生的能力水平，以及区域资源情况。例如，条件较好的学校，可以设计一些在材料、信息技术等方面有一定难度的作品，可以要求学生进行多媒体展示，还可以设计一些信息技术类或科技元素含量较高、题材新颖的作品要求；条件一般、师资力量相对薄弱的学校，学生接触到的信息有限，学校的资源配置也有限，这时对作品的要求可以适当降低，结合实际让学生形成一定的项目成果。要防止仅在课堂上想一想、说一说，而没有发生实际行动。如果学生没有亲自动手参与项目活动，而仅仅停留在一些文本学习上，那就失去了开展项目学习的意义，对反思、合作、交流、创新意识的培养也将无法实现。

5. 提供辅助资源开展巩固练习

在完成以上四个步骤之后，一个数学项目学习课程资源的开发基本完毕。由于项目学习要求学生完成一个具有挑战性的任务，学生在项目活动开展时不仅会遇到知识上的新内容，也会遇到知识以外的新内容，面对这些挑战性的问题教师需要提供一些辅助资源帮助学生完成作品。这种辅助资源既可以用于作品的设计，也可以帮助学生理解和掌握数学知识。具体形式可以是作品样例、图片、网络资源等，也可以是对某些关键知识的讲解。但是资源的提供要适度，否则会影响学生的积极性，降低探究学习中的乐趣体验，限制创新意识的培养。为了加深学生对相关数学知识的掌握，在进行项目学习的课程资源开发时还要设置配套的数学习题或者项目习题。可以是带有项目背景的练习题，也可以是完全抽象的数学练习题。这些习题不仅可以强化学生对数学知识的学习，也有助于后面制作项目作品。

四、项目学习课程资源开发的步骤和工具

(一)项目学习课程资源开发五步骤

数学项目学习课程资源的开发大致有五个方面：项目目标、驱动问题、项目结构、作品要求、辅助资源。资源的开发是一个循环往复的过程，要经过不断地修改才能开发出一个既达到数学知识要求，又满足项目要求的课程资源。因此，图 4-4 给出的顺序只是一个逻辑上的顺序，在实际资源开发中往往要进行不断反复的探索和更新，要经过多轮的推敲才能最终成形。

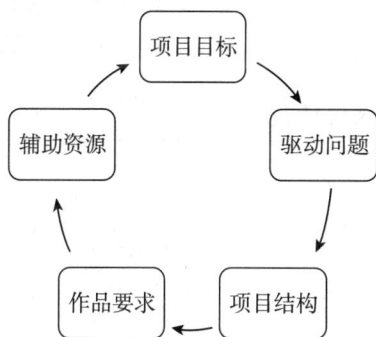

图 4-4 数学项目学习课程资源开发流程

(二)项目学习课程资源开发的工具

为了更好地支持一线教师开发项目学习案例，项目组开发了微项目学习教学设计体例和项目学习单元教学设计体例，以供教师参考(也可在此基础上稍作微调)。

1. 微项目学习教学设计体例

一、项目主题
二、项目背景
三、驱动问题

四、项目目标

五、项目成果

六、项目实施过程

七、项目评价与过程记录

八、收获与反思

2. 项目学习单元教学设计体例

一、项目主题
    驱动问题（主标题）
    ——课题内容（副标题）

二、驱动子任务
    驱动子任务 1：
        活动 1：
        活动 2：
        ……
        活动 $\times$：
    驱动子任务 2：
    ……

三、学习目标

四、学习计划

阶段	学习任务	学习目标	阶段性项目成果
课前准备			
第 1 课			
第 2 课			
第 3 课			
第 $\times$ 课			

五、学习内容

第 1 课：驱动子任务 1(主标题)——课题名称(副标题)

(一)学习目标

(二)所需材料

(三)注意事项

(四)学习环节

活动 1：(活动名称)

　　解释活动的具体开展方式。

活动 2：(活动名称)

　　解释活动的具体开展方式。

……

(五)学习评价(写出本节所要求的项目成果的评价标准)

第 2 课：驱动子任务 2(主标题)——课题名称(副标题)

(一)学习目标

(二)所需材料

(三)注意事项

(四)学习环节

活动 1：

活动 2：

……

(五)学习评价

第 × 课：驱动子任务 ×(主标题)——课题名称(副标题)

……

六、项目总结设计

七、项目评价设计

(1)项目成果的评价标准

(2)基于学生学习表现的评价标准

八、设计过程的收获及反思

　　上述内容为一个相对完整的项目学习课程资源设计的体例，在这个框架中，可以清晰看到项目的驱动问题、学习目标、学习环节等，这对于开展项目学习的教师来说，是一个非常清晰的行动指南。

第五章　项目学习课堂教学实施

【本章提要】

教学改进项目中的课堂教学实施部分，借鉴了巴克教育研究所的基于黄金标准的项目式教学实践，本章对其七个核心项目设计要素进行了介绍。结合教学改进实践，梳理了项目学习课堂教学实施的一般过程，以及形成的项目学习中的教学策略。此外，本章还呈现了两个项目学习教学设计案例，分别展示了项目实施过程和单元教学设计。

一、基于黄金标准的项目式教学实践

巴克教育研究所是长期致力于推广项目学习、创建高效能学校和课堂的组织，研究所关于项目学习的研究成果为许多学校和教师运用项目学习提供了指导。巴克教育研究所于 2015 年发布了"项目学习黄金标准"，提出了七个核心项目设计要素：具有挑战性的问题、持续探究、真实性、学生的发言权和选择权、反思、评价与修正、公开展示项目成果。与之对应，巴克教育研究所又提出了基于黄金标准的项目式教学实践框架(图 5-1)①。

(一)项目设计与规划

在进行项目学习之前，首先要进行项目学习课程资源的开发，可以在已有资源上进行修改设计，也可以借鉴已有资源进行教学设计。无论哪种方式，教师都可以通过项目设计框架来丰富最初的项目想法，以便课程资源在项目背景中能为学生所用。与过去教师主要使用"现成的"课程材料(教材)相比，这项任务是更富有挑战性且充满新鲜感的。项目设计包括项目的核心重点和目标，主要成果及其

---

①博斯，拉尔默. 项目式教学：为学生创造沉浸式学习体验［M］，周华杰，陆颖，唐玥，译. 北京：中国人民大学出版社，2020.

展示方式，以及富有挑战性的、引人入胜且可行的驱动问题。

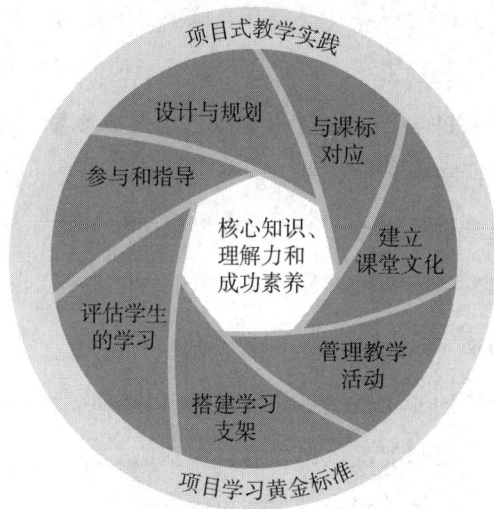

图 5-1　基于黄金标准的项目式教学实践框架

(二)使项目符合课程标准

在项目构思阶段，需要同时查看学科课程标准，课程标准本身可能为项目主题和需要关注的知识和能力指明方向。尽早使项目与课程标准保持一致，一方面有助于确保学生面对的是有针对性的内容和值得学的知识，确保学生花费大量时间是有意义的；另一方面，也会打消教师对于项目学习是课程之外附加任务的疑虑。需要思考：当解决或回答项目中的驱动问题时，学生是否需要学习课程标准中的内容？当涉及评估和调整时，将如何回应课程标准中要求的内容？项目的评价、支持和教师引导将如何达到课程标准要求？课程标准具有高度的概括性和浓缩性，当作为"主餐"而不是"点心"的项目学习运用于教学时，首个要求便是紧扣课程标准，要向学生传递核心概念、关键知识，使学生具备学科思维和学科能力。在项目开展的过程中，课程标准将会从最初的指导和要求文件，逐渐转变为重要的学习内容和评估工具。

(三)建立与项目学习相适应的课堂文化

引导并尊重学生在探究中提出问题。学生可以探索不同的途径，提出自己的想法或创建一个可能需要修改甚至完全失败的成果原型，也就是"试错的过程"。教师可以让学生表达自己的观点并提出有关该项目的设想，并确保学生了解该项目确实是开放性的——调查主题、创建成果、展示他们所知道的以及回答驱动问题的方法不止一种。项目学习通过反思和修改的过程鼓励学生养成成长型思维，使学生在改进成果的过程中，加深学习成效。教师不仅要关注最终成果，还应该将赞美和认同聚焦在学生的努力、毅力和克服困难的方法和过程上，要"有弹性"地评估每个学生的挑战水平和努力程度。

(四)管理教学活动

因为与传统教学中的要求截然不同，项目学习中教学活动的管理是教学中更具挑战性的难点之一。教师要提供课程资源和其他支持，评估学生的学习，使一个用时较长的项目走上正轨，指导学生产出成果并公开展示，安排展示后的完善和改进，这期间需要适度的控制权和自主性。对于那些具有一定项目学习经验的学生，教师更需要将自己视为促进者而不是管理者，考虑到这些学生在项目学习中能够做一些"项目管理"，教师可以只在需要时和必要时提供支持。

(五)搭建学习支架

学习支架是为了帮助学生获得和加强新的概念或技能，由教师向学生提供的支持。为了使学生在项目学习中获得重点知识和技能，教师一般会在项目各个阶段使用学习支架来支持学生的学习。换句话说，学习支架的搭建旨在为学生成功完成项目并达成学习目标创造条件。在项目实施过程中，教师将根据学生需要在适当的时机为学生提供帮助，当学生越发独立，可能不再需要支架时，教师需要渐渐撤去帮助，将学习主动权逐步转移给学生。学习支架选取得是否恰当在很大程度上取决于内容的性质和学生的需要。学习支架可以有多种类型，如基于功能视角，将支架分为情境型、策略型、资源型、交流型和评价型。①

(六)评估学生的学习

传统教学中，评价主体通常是教师，且评价维度比较单一。但在项目学习

---

①张瑾. STEM＋教育中学习支架设计研究[J]. 现代教育技术，2017，27(10).

中，评价是多主体参与的，既包括教师评价、学生自评、同伴互评，也包括外部专家和家长的评价。此外，项目学习的评价维度也是多元的。评价不仅会关注学生对学习目标的理解程度，还会关注核心素养的发展情况以及合作能力或是批判性思维等能力的发展情况；除了结果性评价外，项目学习也特别注重过程性评价。为了使评价更具科学性和客观性，评价标准往往提前设定，同时评价标准的形成可以与学生共同讨论商定。评价标准是教师在项目学习中经常使用的评价工具，既可以传达给学生相应的学习目标，也可以使教师与学生真正透明地交流。对于学生而言，项目学习的过程中他们始终都在评价自己和同伴的工作，不断地从老师和其他同学那里得到反馈，以确保在正确的学习轨道上，从而保证高质量的学习成果。

(七)参与和指导

与传统课堂中教师作为知识的掌握者和传授者不同，项目学习中教师的角色定位于学生学习活动的参与者、指导者和协助者。从最开始的项目主题确定到最后的成果展示，教师始终将学生视为学习的主体，密切观察学生的学习活动，在适当的时候给予支持(引领方向、搭脚手架、维持学生的学习兴趣和动机并以适当方式进行鼓励)。当学生在项目实施中遇到困难时，或者当学生有所成就时，或者当学生需要鼓励时，教师需要给出相应的反馈，帮助学生实现核心素养的发展。

二、项目学习课堂教学实施的一般过程

基于上述理论，项目组在本次教学改进项目中，带领教师经历了项目学习课堂教学实施的一般过程，归纳起来有五个步骤：第一步，基于课程资源，撰写教学设计；第二步，创设与项目学习相适应的真实情境，引入项目主题；第三步，学生合理分组，建立合作机制；第四步，小组分工合作，完成项目任务；第五步，成果展示分享，师生总结评价(图 5-2)。

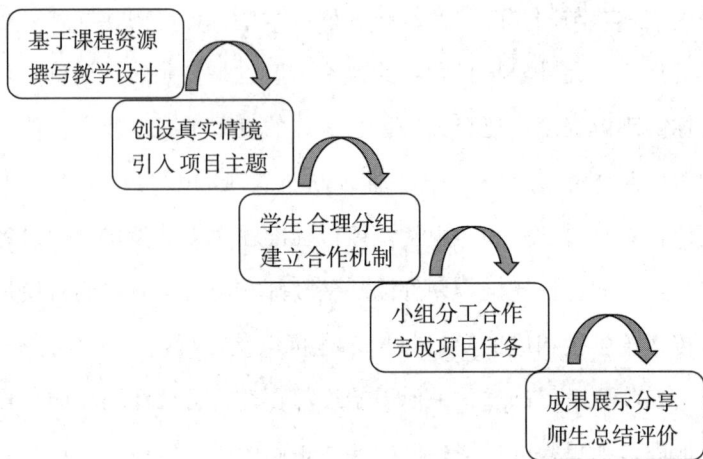

图 5-2 项目学习课堂教学实施的一般过程

(一)基于课程资源,撰写教学设计

教师结合课程标准要求和学生兴趣,设计一个有挑战性和实际意义的项目。然后根据课程标准、学习内容和学生学情,着手撰写具体的关于某个主题的项目学习教学设计。教学设计中需要明确项目主题、学习目标、项目任务和学生活动等。

(二)创设真实情境,引入项目主题

教师在课堂上引入项目主题,激发学生的兴趣和好奇心。可以使用故事、视频、图片等方式,引发学生的思考和讨论。教师还可以解释项目的背景和重要性,为学生明确项目的目标和意义。

【案例】设计一个独特的平面镶嵌图案

课前,教师布置学生收集镶嵌图案,学生以小组为单位事先准备好若干全等的纸片,如三角形、正方形、长方形等。同时收集平面镶嵌图案的相关资料。

课堂上,教师请各组学生代表上台分享课下所收集的镶嵌图案,并做简单介绍。

然后,教师呈现如下阅读材料:

"数学是人类智慧的体现,从数字、加减法,到各种图形,再到三维、四维及高维空间,都是人类创造性的思维结果。数学和各种艺术形式一样,是神奇的产物。在我们生活的空间里存在着大量的图形,直观的图形是我们认识和理解自然界及社会的绝妙工具。今天我们就一起来探寻,共同了解数学中的'平面镶嵌'!

"从自然界的蜂房镶嵌图案，到罗马的马赛克，到古希腊的拼砖，到简洁的彭罗斯拼板，到 M.C. 埃舍尔出色的镶嵌图案——镶嵌图案经历了漫长的岁月和不同的文化。"
教师引导学生阅读材料，学生欣赏美丽的平面镶嵌图案，由此认识平面镶嵌的定义。

(三)学生合理分组，建立合作机制

教师可以根据项目的要求和学生的兴趣将学生分成小组，或者学生自愿结成小组。小组任务可以包括研究、调查、实验、设计等。要保证每个团队的人数适中，分工明确，每个小组成员之间密切合作，同时建立小组合作交流的机制，确保团队成员能够理解和完成自己的任务，保证组员之间有良好的合作和沟通。特别需要注意的是，教师要合理引导学生形成小组研讨的氛围，必要时需要学生经历独立学习和思考的环节，然后再通过小组合作解决问题。鼓励学生之间的交流和合作，以提高学生的学习效果，促进个人能力发展。

建立小组合作交流机制是项目学习中至关重要的一环，它可以促进学生之间的合作与交流，激发创造力，培养解决问题的能力。通过明确目标，促进有效沟通，以及提供合适的工具和资源，能够帮助学生在项目学习中取得更好的成果。

首先，设立明确的目标和任务。在项目学习的最初阶段，明确小组合作的目标和任务，确保每个成员都清楚自己的角色和责任，有助于激发小组成员的合作热情和积极性。

其次，促进有效沟通。建立一个开放、尊重和有序的交流环境，鼓励小组成员之间进行积极互动和意见交流。可以通过定期的小组会议、讨论和反馈机制促进有效沟通。

最后，提供合适的工具和资源。为小组成员提供适当的工具和资源，以支持他们的交流和合作，包括共享文件夹、共享文件表格、建立聊天群等。这些工具和资源可以帮助小组成员方便地分享信息、讨论问题和完成任务。

> **【案例】关注人口老龄化——数据的收集与整理**
>
> "关注人口老龄化"项目中的一个环节是要求学生以小组为单位针对老年人的健康问题，确定调查主题，设计一份调查方案。以下是建立小组合作交流机制的过程。
>
> 为了完成这个任务，学生被分成若干小组。小组内部通过共同讨论确定了调查主题，然后明确了小组成员分工，包括调查问卷初稿的撰写、线上问卷的制作和发放、数据收集和调查报告撰写等。小组成员之间通过定期的会议讨论分享自己的想法和进展情况，定期在群里分享自己的阶段性成果。

(四)小组分工合作，完成项目任务

需要特别提出的是，在学生完成项目任务的过程中，教师的形成性评价和反馈需要贯穿始终。教师需要提供必要的指导和支持，帮助学生解决问题和克服困难。教师可以定期与小组成员进行讨论，了解他们的进展和问题。

评价反馈是推动学生自主学习和反思、自我评估和自我改进的工具。在完成任务的过程中，教师要及时给予学生反馈，帮助学生辨别自己的学习过程、学习方法、学习成果是否在正确的路径上，从而为自我反馈和反思调整提供支撑。同时，教师在评价时也要关注学生对目标的理解程度和核心素养的发展程度。

(五)成果展示分享，师生总结评价

在项目成果完成后，教师可以鼓励学生进行成果展示，同时让他们分享收获和困难，以及对项目学习的反思和建议。成果分享包括口头报告、展示板、演示文稿、视频等形式。展示的内容除对项目成果进行介绍外，还可以包括学习过程和体会。教师和其他小组的学生可以提出问题和给予评价，旨在促进学生之间的交流和学习；还可以提供具体的评价和反馈，帮助学生提高和成长。总之，在这个环节，教师与学生一起总结和评价项目学习的过程和成果。一个值得关注的问题是，项目学习的成果如何体现课程标准中的目标达成呢？可以来自课堂中学生的表现和教师的评价反馈，如可以依据课程标准中的表述，用专业的课程标准术语对学生进行评价。

三、项目学习中的教学策略

(一)激发学习兴趣和思维参与的策略

教学的真谛在于激发学生的学习兴趣。但在传统的教学中，教师往往按照规定的教学目标和教学内容传授知识，教学方式比较单一，学生是知识的被动接受者，学习是按照预设的过程进行的，学生的学习兴趣不高。在项目学习中，学生可以自己提出感兴趣的主题，也可以在教师提供的几个能引起他们兴趣的主题中进行选择，确定目标，寻找材料进行学习。由于学生可以自己选主题、提问题和找材料，项目学习的内容就容易与学生的经验或知识背景发生联系，从而唤醒学生的参与意识，激发学习动机。项目学习还能够为学生营造逼真的实践情境，通过将数学融入学生的日常经验中，激发学习兴趣和深度的思维参与，促进学生主动参与数学学习。

多项研究表明，项目学习可以很好地激发学生学习数学的兴趣。那么在项目学习中，具体可通过哪些教学方式予以实现呢？

首先，在项目引入之初，向学生提供真实的问题情境。例如，教师可以用生活化、场景化的导入方式，如给学生一张真实的图片，启发学生思考可能遇到的问题或者困惑，或者直接向学生求助。

其次，从学生已有的知识、常识、观念出发，提出具有挑战性的观点，使学生产生强烈的思维冲击，引导学生思考。也可以在日常生活中挑选不同寻常的方面，培养学生细致观察的能力和批判的意识，善于从不同角度观察事物，找寻现象背后的原因，探索其中的规律。

最后，在项目实施过程中，给予学生鼓励，通过具象化的鼓励方式，引导学生进行高质量的小组合作。还可以邀请学生分享创意，引导同伴之间的良性互动和反馈，通过培养学生的自我效能感进一步提升学生参与的兴趣。

(二)设计学习支架的策略

学习支架是指为学生提供支持和指导的教学工具和策略。学习支架是项目学习中一个重要的教学手段，它通过创造条件和支持，让每一位学生都可以"跳一跳"够到学习目标，从而获得成功。教师需要在项目学习的各个环节，恰当地嵌入与该环节目标相对应的学习支架，以保障项目的顺利开展。结合项目学习的特征，从学习支架发挥作用的角度，可以将学习支架分为五种常见类型，具体如表5-1所示。

表 5-1　项目学习中的五种学习支架

支架类型	含义	举例
情境型	在创设情境阶段，呈现驱动问题之前，可以给学生提供一个真实的、贴合学生生活实际的问题情境，或者设计一个具有现实意义的学习情境，如一个故事或一段背景素材。	在"关注人口老龄化"项目中，以视频的方式呈现目前老龄化社会的相关数据与图片等。
任务型	为完成项目任务或解决问题，提供任务分解的方法、操作实验的演示、方法示范等多样化的方法和途径，帮助学生明晰思路，明确解决问题所需完成的子任务及其先后顺序。	在"关注人口老龄化"项目的第一课时中，将任务分解为：研究人口老龄化现状及原因、提出研究问题、确定小组调查主题和方案。
资源型	相关的基础知识、技能和工具，供学生在完成项目的过程中自主选择，如提供解决问题的学习资源，包括相关的参考书目、多媒体资源等。	在"关注人口老龄化"项目中，提供相关数据来源的网站链接或二维码。
交流型	促进师生和生生之间的信息交流，如一些交流的句式和启发性提示语。	我认为……因为……我们能从……中推断出什么？你还有别的观点吗？这个结论与……有什么不同？
评价型	提供自评或互评的方法，或者详尽的、涉及学习全过程的评价量表，目的是让学生明确各个阶段处于哪种水平或状态，帮助学生明确自己要努力的方向、反思学习过程、总结学习经验等。	量表、测试题、自查表等。

(三)促使学生全过程反思的策略

反思是学生学习中必不可少的环节，而反思的能力和其他能力一样，需要教师有意识地培养。项目学习让学生在真实或模拟真实的复杂问题情境中参与活动，需要学生在活动的全过程中保持反思的意识，不断调整思路，从而达到预期结果。教师在教学过程中要和学生一起总结失败和成功的经验，促进学生在活动过程中不断带着批判性的眼光看待学习过程。比如，在组织小组讨论时，引导学生反思自己在项目学习中进行了什么样的数学活动，以什么方式参与的，在数学活动中自己是否具备良好的条件，需要进行哪些调整，等等。再比如，项目成果展示中的反思环节，引导学生梳理自己在项目学习中的收获，并在项目学习的最后阶段撰写项目研究报告，记录自己的经验、心路历程与改进。

(四)成果展示的策略

在具体的教学中，项目作品展示是一个非常关键的环节，这个阶段往往能看出学生的知识掌握程度。成果的展示方式可以多种多样，除了项目本身的要求外，可以采用海报、黑板报、PPT、情景剧、舞蹈、诗歌、论文等多种形式，在具体展示中不仅要呈现小组作品，还要在这个环节中培养学生交流、展示、提问等能力。可以要求每个小组都进行汇报，汇报形式由小组自行决定，最好是每个学生都能进行发言，在小组发言结束后，其他小组可以进行提问，以此锻炼学生提问、表达、交流、合作的能力。

(五)合理运用评价的策略

形成性评价和总结性评价能为学生提供多方面的反馈，帮助学生在项目学习中实现深度学习和产出高质量的作品。评价方式一般包括学生自评、小组互评、组间互评。在评价内容方面，教师可以结合数学知识和核心素养，设计本单元的评价量表，一般包含学科知识评价、协作参与评价、作品美观评价、现场汇报评价等。

学生自评。项目学习的评价要让学生明确在项目学习中自己应当做什么、怎么做，学什么、怎么学，在哪些方面要对自我进行评价。学生的自我评价是让学生明确自己的努力方向，而不能刻意为之。在项目学习中，学生自觉按照教师的导向去学习、操作，当一个项目完成后，自然完成自我评价。教师对学生的评价仅是对学生自评的一种补充与激励。要通过学生自评使学生发现自己的进步和自身的价值，从而把学习变成主动的过程。

小组互评和组间互评。项目学习是以典型产品（或技能）展开的知识与技能的学习。这一学习过程具有团队合作、共同探究、互相促进等典型特征。在项目学习中要鼓励学生积极开展互评、互学、互助，既要表扬优点（如速度快、质量好），也要帮助他人克服缺点（如操作错误、动作不合理等）。项目学习本身就是一个团队合作学习的情境，在这个情境中，别人的操作经验就是自己的一面镜子，小组互评和组间互评有利于自己少走弯路，激励自己做"一面优秀的镜子"供别人借鉴。

多维度的评价标准。在项目学习中，学生会认识到，从不同的角度构建解决方案，得出的结论会有所不同。在评价的过程中要侧重过程性评价和表现性评价，同时还应结合自评和互评的方式对个体及团队进行整体评价。

四、项目学习教学设计案例

【案例1】微项目学习教学设计案例①

（一）项目主题

关注人口老龄化——数据的收集与整理（八年级上册）

（二）项目背景

人口老龄化已成为世界性的重要议题，我国人口老龄化程度也在进一步加深。本项目可以引导学生关注人口老龄化，经历从前期的方案设计到最后形成调查报告的全过程，对所学知识和技能进行应用，同时加强合作交流的能力，提高社会责任感。

（三）驱动问题

如何撰写一份关于人口老龄化问题的调查报告？

（四）项目目标

该项目旨在帮助学生形成数据观念，学生需要经历收集、整理、描述和分析数据的活动，了解数据处理的过程。在这个过程中体会样本选择的重要性，体验

---

①案例提供者：郑州市第三十七中学贾乐珍老师。

统计图的制作，并能利用统计图直观、有效地描述数据。由此，本项目的目标具体包括以下方面。

1. 在前期陪伴老人的小调查中，经历数据收集和处理的过程，感受抽样的必要性，体会统计应用的广泛性，增强运用统计知识和方法解决问题的意识和能力。

2. 在研究我国人口老龄化现状的过程中，体会用数据说明问题的必要性，发展数据分析观念，积累用统计研究问题的经验。

3. 通过所在地老龄化问题调查问卷的设计与实施，积极关注社会问题，进一步丰富合作与交流的活动经验，增强合作意识，发展合作能力。

（五）项目成果

撰写一份关于人口老龄化问题的调查报告。课堂上以小组为单位形成调查方案，课后通过实地调查，整理分析数据，形成调查报告。

（六）项目实施过程（第 1 课时）

教学内容	学生经历认识人口老龄化现状、分析出现人口老龄化的原因、设计调查方案等一系列活动，体会针对研究对象收集数据、整理数据、提取信息、分析数据、获得结论的全过程，发展数据观念。		
所需材料	人口老龄化的现状视频、文字材料、图片。		
注意事项	人口老龄化所带来的问题是复杂的，带来的影响也有很多方面，因此学生的调查只需关注一个点开展。		
学习环节	**活动过程**	**师生活动**	**设计意图**
课前准备	1. 网上查阅人口老龄化相关数据，做好记录，为课堂分享做准备。 2. 根据前置任务单完成课前小调查。	教师布置课前任务，学生按要求完成任务。	帮助学生在课堂上更深入地探究问题。
创设情境，引出研究主题	1. 引出人口老龄化话题。 教师出示人口老龄化图片，并提问：从所给的图片中你能发现什么信息？ 2. 给出人口老龄化的概念。 当一个国家或地区 60 岁以上的老人占总人口的 10%，或 65 岁以上的老人占总人口的 7% 时，即意味着这个国家或地区处于人口老龄化社会。	学生交流，引出人口老龄化的话题，并从各个角度描述人口老龄化所包含的问题。 教师给出人口老龄化的定义。	引导学生初步感受人口老龄化及其带来的问题。 明确人口老龄化的概念。

续表

学习环节	活动过程	师生活动	设计意图
活动1：研究人口老龄化现状及原因	【问题1】我国是否已经进入人口老龄化社会？（教师展示我国人口老龄化变化趋势，学生看图回答）	教师出示视频、图片，学生通过观察其中的数据感受我国现阶段正处于人口老龄化的现状，并且未来的形势会更加严峻。	让学生感受我国人口老龄化形势的严峻性，体会通过数据分析社会问题。
	【问题2】我国出现人口老龄化的原因有哪些？（教师展示中国出生人口及出生率情况、我国居民人均预期寿命变动情况，学生看图回答）	教师出示相关统计图，学生结合数据发言，分析我国出现人口老龄化的原因。	让学生感受我国人口老龄化出现的原因，并再次体会通过数据分析社会问题的必要性。
	【问题3】本地是否已进入人口老龄化阶段？（教师提出问题，学生结合课前查阅的资料进行分享）	学生分享课前收集的有关本地人口老龄化的相关数据。	通过收集数据的过程，让学生切实体会本地人口老龄化的现状。
活动2：提出研究问题，聚焦研究问题	任务1：展示个人的课前小调查（三位学生代表分享后，教师分享课前调查的关于班级学生陪伴老年人时间的调查结果）	三位学生代表展示自己所做的统计图，包括自己家中老人的健康、娱乐休闲等方面情况，并对自己所做的统计图进行分析。	(1)通过调查自己身边的老年人情况，让学生对人口老龄化所涉及的问题有切身认识。 (2)引导学生利用统计图灵活分析实际问题。 (3)学生在进行小调查的过程中可以体会开展调查需要明确的问题，为接下来调查方案的设计做准备。
	任务2：小组讨论人口老龄化会带来的问题。（小组成员结合任务1的分享展开讨论）	以小组为单位讨论人口老龄化带来的各方面问题。	通过讨论，对人口老龄化带来的问题有更深刻的认识，为接下来的研究做准备。

续表

学习环节	活动过程	师生活动	设计意图
	任务3：对本节课所涉及的所有人口老龄化问题进行分类。 教师在小组分享过程中板书问题。 预设： 空巢老人、老人赡养问题、独居老人无人照顾、国家补助、巨额医药费难以为继、老人去医院的次数、每周陪伴老人的时间、老人的日常休闲方式……	学生集体将问题分为3大类： 老人的赡养问题； 老人的健康问题； 老人的精神生活。	对老龄化问题进行分类，以便接下来更明确地对不同类型的问题进行分析和调查。
	问题讨论：针对人口老龄化可以提出哪些对策？（教师出示提示图片）	教师出示问题，学生自由发言。	通过讨论应对人口老龄化的对策，形成责任意识。
活动3：确定小组调查主题和方案	任务1：以小组为单位，针对老年人的健康问题，设计一份调查方案，方案模板如附件。	以小组为单位确定调查主题和调查方案。教师明确展示的具体操作要求。	通过设计确定问题的调查方案，感受调查的全过程。
	任务2：小组代表上台展示调查方案，组间交流。	小组代表进行展示，其他小组成员对展示小组的方案进行评价，并提出改进建议。	通过小组交流初步确定调查方案，在此基础上进行班级交流，让学生在展示过程中及时发现问题并进行优化，为课后开展调查做好准备工作。
完成项目成果	优化调查方案，并进行实际调查，完成一份关于人口老龄化问题的调查报告，并于两周内提交。	说明项目成果的具体内容、相应要求及完成时间。	

附件

关于人口老龄化的调查方案

主题			负责人	
成员				
成员分工 （谁做？ 做什么?)				
调查对象				
调查方式				

调查的问题(问什么？查什么？如果采用问卷调查，可以把问卷的具体问题附在右边)

成员评价	姓名				
	A				
	B				
	C				

(七)项目评价

项目成果的评价标准(表5-2)包括小组自评、小组互评和教师评价。

表5-2　项目成果的评价标准

	A(20分)	B(15分)	C(10分)	D(5分)	得分
方案设计	分工明确，调查问题丰富、针对性强	分工比较明确，调查问题设计不太合理	分工不太明确，调查问题设计不合理	分工不明确，调查问题设计明显不合理	
内容	内容完整、调查过程规范严谨，所得结论有很好的参考价值	内容基本完整、调查过程规范，有可供参考的信息	内容不太完整，调查过程有不规范的地方，没有产生可供参考的结论	内容不完整，没有经历完整的调查过程，没有形成结论	

续表

	A(20分)	B(15分)	C(10分)	D(5分)	得分
组织结构、文法和用词	报告内容都是自己组织的语言；段落、结构非常严谨；语法用词无误	报告内容基本上是自己组织的语言；段落、结构基本严谨；语法用词有个别错误	报告有复制粘贴的内容；段落、结构不严谨；语法用词有一些错误	报告有明显的复制粘贴内容；缺少组织结构；语法用词不准确	
统计图	统计图选择准确，相关说明严谨	统计图选择相对准确，相关说明相对严谨	统计图选择不准确，相关说明不够严谨	没有统计图，没有相关说明	
整体表述	整篇报告表述准确，整体有序规范	语言表达基本准确，整体框架有序	报告整体凌乱	报告内容不够完整，语言表述不够准确且没有条理	
总评					

基于学习表现的评价标准(表5-3)包括小组自评和教师评价。

表5-3　项目学习的过程性评价标准

	评价标准	得分
活动1	问题1：能结合图示数据说明我国已经处于人口老龄化阶段(10分)	
	问题2：能结合图示数据说明我国出现人口老龄化的原因(10分)	
	问题3：能结合课前查阅的数据清晰地指出现阶段本地人口老龄化现状(10分)	
活动2	任务1：积极参与课前调查，能够认真完成前置任务单上的所有问题，统计图表清晰准确(20分)	
	任务2：能结合课上的分享指出人口老龄化带来的一系列问题(10分)	
	任务3：能对所涉及的人口老龄化问题进行合理分类(10分)	
活动3	能积极参与小组讨论(10分)	
	能清晰表述自己的调查方案(10分)	
	能为其他组提出合理化的建议(10分)	
总评[A＋：90分(含)以上、A：80(含)～90分、B：60(含)～80分、C：60分以下]		

91

（八）收获与反思

1. 收获

这次项目学习的实践，让自己对项目学习有了更多认识，体会到了作为一种新的课堂学习模式，项目学习有很多优势。

首先，项目学习能够帮助学生更好地理解和运用知识。理论知识的获得不是学生进行学习活动的终极目标，学生要会理解知识，在实践中进行知识的迁移与应用。项目学习中，在项目任务的驱动下，学生会主动学习知识，运用知识解决实际问题，进而加深对知识的理解和掌握；在形成项目成果的过程中，实现对知识的创造性运用和深度理解。本课例中学生在调查所在地人口老龄化的过程中将数学知识综合应用到实践，不但更深入地理解了数据分析的相关知识，还达到了学以致用的效果。

其次，项目学习能够培养学生的核心素养。项目学习中，学生需要以小组为单位制订调查方案，明确规划需完成的任务、时间等，这有效培养了合作交流能力和自主规划能力；在方案设计和完成调查报告环节中，学生不但提升了设计技能，也培养了书面表达能力。

最后，项目学习能引发学生的学习兴趣。在项目学习中，数学知识被融入真实情境中，学生在真实情境中解决问题，能够感受到数学与真实世界的紧密联系以及学习数学的价值所在。在项目学习中，学生拥有更大的自主性，可以和小组成员进行沟通和交流，这些都会促使学生更加积极地学习。

2. 反思

项目学习的课堂很开放，很容易出现突发状况，由于自身能力和实践经验有限，实施项目学习时容易把握不好，学生设计完方案后也没有提供充足的时间进行分享和交流。除此之外，课前对学生的指导不到位，学生以前没有进行过调查类方案设计以及调查报告的书写，以至于课堂上进行方案设计时有学生感到无从下手，如果课前对学生进行相关指导，或者提前布置网上查阅方案和调查报告的作业，课堂上会更加顺利。

【案例2】项目学习单元教学设计案例①

(一)项目主题

设计活动晾衣架 ——解直角三角形

(二)任务分解

驱动子任务1：讨论已有晾衣架

    活动1：介绍已有晾衣架

    活动2：讨论特定晾衣架

驱动子任务2：改造已有晾衣架

    活动1：回顾特定晾衣架

    活动2：改造特定晾衣架

    活动3：讨论设计晾衣架的影响因素

驱动子任务3：设计活动晾衣架

    活动1：确定设计活动晾衣架的考虑因素

    活动2：设计活动晾衣架

(三)学习目标

1. 在讨论晾衣架的活动中，能用锐角三角函数解直角三角形。

2. 在分析晾衣架的活动中遇到非特殊角时，会使用计算器由已知锐角求它的三角函数值；遇到非特殊三角函数值时，会使用计算器由已知三角函数值求对应的锐角。

3. 在改造和设计晾衣架的活动中，能利用解直角三角形的知识解决设计晾衣架时产生的问题。

4. 在设计晾衣架的过程中，通过小组合作，提升交流能力，感受成功的快乐，体验解决数学问题的过程。

---

①案例提供者：北京汇文中学贺晨老师。

（四）学习计划

阶段	学习任务	学习目标	阶段性项目成果
课前准备	查阅与晾衣架相关的资料	能通过查阅资料，总结出不同晾衣架的特点	PPT 汇报资料
第 1 课	讨论已有晾衣架	学会使用计算器求三角函数值或角度	方案
第 2 课	改造已有晾衣架	能利用解直角三角形的知识解决改造晾衣架时产生的问题	设计图纸及说明
第 3 课	设计活动晾衣架	能利用解直角三角形等相关知识解决实际问题，通过小组合作，提升交流能力，感受成功的快乐	设计图纸及说明

（五）学习内容

第 1 课时：讨论已有晾衣架

【学习目标】能通过查阅资料，总结出不同晾衣架的特点；学会使用计算器求三角函数值或角度。

【所需材料】PPT 汇报资料、学生活动单、计算器、刻度尺等。

【注意事项】提前查阅资料，准备好计算器、刻度尺等工具。

【学习环节】

活动 1：介绍已有晾衣架

学生经过课前准备，收集晾衣架的相关资料，在班级做汇报展示。

晾衣架的相关资料：

各种新型衣架跳出了单一的模式，分工越来越细致，空间利用越来越合理，品种更趋多样化。这些衣架都是根据不同的衣物类型专门设计的，使之存放服饰的效果更佳。

（1）手动升降式晾衣架

这种晾衣架通过手摇的方式使晾杆降低，把衣服晾好后，再使晾杆升高。这种产品适宜在家庭和宿舍的阳台使用。

（2）电动升降式晾衣架

如果要安装多杆的电动晾衣架，阳台的宽度最好在 1 m 以上，否则晾晒效果会差一些。空高在 3 m 以上（一般是双层的）的需另外增加钢丝绳。

（3）落地式晾衣架

落地式晾衣架是直接放在地上用的一种晾衣架，常见的有 X 型、蝴蝶型（又称翼型）、单杠双杠型等，适用于房间、阳台和室外，放置位置比较灵活，不用时可折叠收起。

（4）壁挂式晾衣架

壁挂式晾衣架装在墙壁上，安装高度一般到人的胸部，晾衣架可以打开和放下，放下时紧贴墙壁，不占用空间，晾衣服时可以打开。短款适用于酒店、宿舍、医院病房、家庭的房间等，长款适用于室外，如有院子的房屋。

活动 2：讨论特定晾衣架

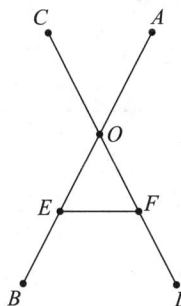

左图是可折叠式晾衣架和它的侧面示意图。立杆 AB，CD 相交于点 O，EF 为固定杆，请关注以下两个名词：

晾衣架的高度——当晾衣架完全展开时，记点 A 到地面的距离为晾衣架的高度；

晾衣架的张角——当晾衣架完全展开时，$\angle BOD$ 为晾衣架的张角。

对于长度和位置固定的固定杆，晾衣架的张角也是固定的。

经过测量，此晾衣架 $AB=CD=140$ cm，$OA=OC=60$ cm。

问题 1：若测量此晾衣架 $OE=OF=40$ cm，张角 45°，请计算固定杆 EF 的长。

预案 1：学生在△OEF 中过点 E 或 F 向对边作垂线，构造直角三角形，完成计算。

预案 2：学生在△OEF 中过点 O 向对边作垂线，构造直角三角形，完成计算。

学生在实际操作中多数采用预案 1 的方法，因为这样构造出的直角三角形含有 45°角，方便计算，无须使用计算器。

∵ $\angle EOF=45°$，$OF=40$ cm

∴ $GF=OG=20\sqrt{2}$ cm

∴ $EG=OE-OG=40-20\sqrt{2}$ (cm)

$EF=\sqrt{EG^2+GF^2}\approx30.62$ cm

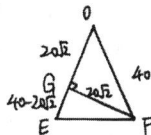

问题 2：若测量此晾衣架 $OE=OF=40$ cm，固定杆 $EF=20$ cm，请计算张角大小。

预案 1：学生在 $\triangle OEF$ 中过点 E 或 F 向对边作垂线，构造直角三角形，完成计算。

预案 2：学生在 $\triangle OEF$ 中过点 O 向对边作垂线，构造直角三角形，完成计算。

学生在实际操作中多数采用预案 2 的方法，因为可以利用等腰三角形的性质简化计算过程，最后借助计算器可以求得近似解。

问题 3：若厂家规定，生产出的晾衣架，张角需大于 $40°$，晾衣架才稳定，那么"问题 2"中的晾衣架符合要求吗？若符合要求，请给出理由；若不符合要求，请通过调整固定杆的长度或位置来达到要求，并写下你的调整方案。

预案 1：学生认为符合要求，这是因为学生在计算问题 2 时发生了错误，教师应提示学生重新计算问题 2，并帮助学生找到错误原因。

预案 2：学生认为不符合要求，通过调节固定杆 EF 的长度，将固定杆变长，使张角变大。

预案 3：学生认为不符合要求，通过调节固定杆 EF 的位置，将固定杆向上移动，使张角变大。

学生在实际计算中多采用预案 2 和预案 3 的方法，并给出了较为合理的调整方案。

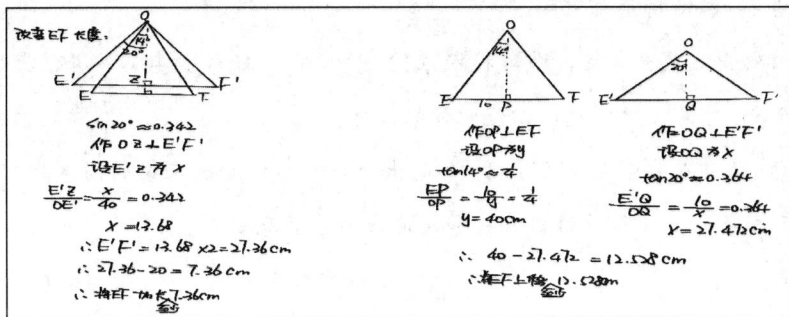

【学习评价】

对于"活动 1：介绍已有晾衣架"，可以从学生查找资料的丰富性、准确性和展示的条理性几个方面来评价。

对于"活动 2：讨论特定晾衣架"，在学生对三个问题进行解答和分析之后，请学生总结对于给定的直角三角形，知道哪些边或角可以求出直角三角形的所有边和角，并叙述求解过程，以此对学生进行评价。

评价试题：右图是一种落地式晾衣架的示意图，OA，OB 是晾衣架的固定支撑杆，其张角 $\angle AOB = 50°$，$OA = OB = 1$ m，OC，OD 为活动晾衣杆，$OC = OD = 0.8$ m，当 OD 抬升到最大高度时，测得 $\angle BOD = 110°$，则此晾衣架可悬挂衣物最长不能超过多少米？（精确到 0.1 m）

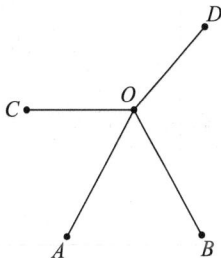

第 2 课时：改造已有晾衣架

【学习目标】能利用解直角三角形的知识解决改造晾衣架时产生的问题。

【所需材料】学生成果展示单、计算器、刻度尺等。

【注意事项】准备好计算器、刻度尺等工具。

【学习环节】

活动 1：回顾特定晾衣架

出示可折叠式晾衣架的侧面示意图，回顾晾衣架的高度和晾衣架的张角两个名词的意思，并强调，对于长度和位置固定的固定杆，晾衣架的张角也是固定的。

活动 2：改造特定晾衣架

请你改造上述晾衣架，满足稳定性的要求（张角需大于 40°），并能悬挂总长度达 120 cm 的连衣裙，请详细说明你的设计。

预案 1：学生先设定一个大于 40°的张角，然后给定晾衣架的高度为 120 cm，以此为已知条件，计算并给出立杆和固定杆的长度及位置。

预案 2：学生先给定一个大于 120 cm 的晾衣架的高度，再给出立杆和固定杆的长度和位置，计算出张角大小，并验证是否满足张角大于 40°。

在实际改造过程中，大多数学生采用预案 1 的方法，并结合实际因素改造特定晾衣架。

活动 3：讨论设计晾衣架的影响因素

以小组为单位，结合活动 2 继续思考，汇总设计晾衣架的影响因素，为下节课做准备。

学生经过讨论以及两节课的学习，给出以下方面的影响因素：

1. 稳定性：在悬挂衣物时不会倾斜或倾倒；

2. 承重能力：尽量承受更多的重量；

3. 高度：衣服不会垂地，挂衣服时不用弯腰或抬头；

4. 占地面积：尽量节省空间；

5. 成本及价格：在保证质量的前提下，成本应尽量低；

6. 安全性：原材料应对人体无害，且不会导致人体过敏；

7. 适用性：满足不同人群的需求；

8. 美观性：视觉效果好。

【学习评价】

对于"活动 2：改造特定晾衣架"，可以从以下方面对学生进行评价：①改造过程是否合乎问题要求；②能否利用解直角三角形的知识解决改造晾衣架时产生的问题；③在改造过程中涉及的解直角三角形的计算是否准确。

对于"活动 3：讨论设计晾衣架的影响因素"，可以从学生考虑影响因素的全面性和合理性来评价。

评价试题：下图是某悬挂式晾衣架和它的示意图，其可伸缩部分是一些全等的菱形，该晾衣架伸缩部分是由五个完整菱形和两个半截菱形构成的，经测量，菱形的边长 $AB=15$ cm，当晾衣架升到最高时，菱形内角 $\angle ABC=20°$，当晾衣架降到最低时，菱形内角 $\angle ABC=100°$，如果晾衣架安置房间的层高是 2.8 m，请求出晾衣架最下端与地面距离的变化范围。（精确到 0.1 m）

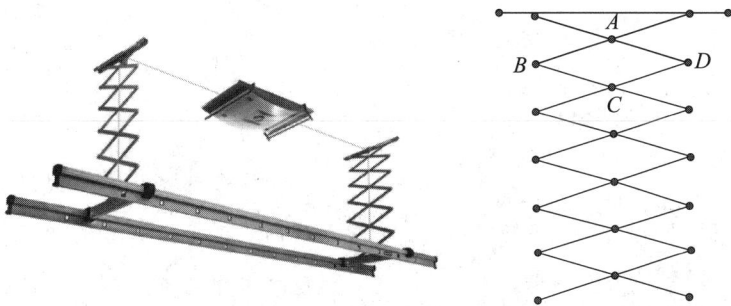

第 3 课时：设计活动晾衣架

【学习目标】能利用解直角三角形等相关知识解决实际问题，通过小组合作，提升交流能力，感受成功的快乐。

【所需材料】学生成果展示单、计算器、刻度尺等。

【注意事项】准备好计算器、刻度尺等工具。

【学习环节】

活动1：确定设计活动晾衣架的考虑因素

以小组为单位，确定本组设计晾衣架的理念，说明考虑因素。

活动2：设计活动晾衣架

以小组为单位，完成活动晾衣架的设计和说明，在班级内进行交流分享。

本节课的两个活动是在前面项目学习的基础上由学生自主完成的，教师不再给予过多的引导，在本节课后每个学习小组会呈现本组设计的产品。

【学习评价】

对于本节课的两个活动及活动成果，将从项目产品本身和学生表现两个维度进行评价。

(六)项目成果

经过前两节课的学习后，学生在数学知识方面对解直角三角形的过程比较熟悉，在实际问题的解决中了解了晾衣架的构造和原理，基于此，学生分小组讨论，给出如下产品设计。

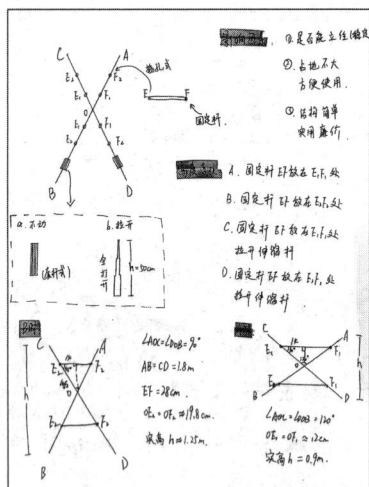

学生作品一

评析：晾衣架结构简单，高度可调节，介绍简洁清晰，熟练地运用了等腰三角形和解直角三角形相关知识，熟练使用计算器。

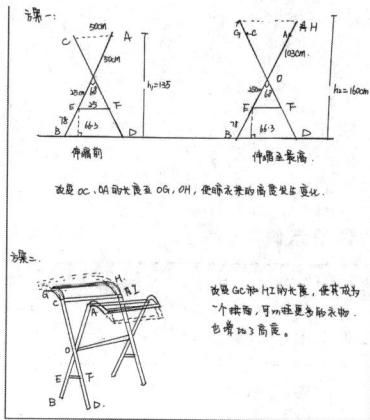

方案一：

改是 OC、OA 的长度至 OG、OH，使晾衣架的高度发生变化。

方案二：

改变 GC 和 HI 的长度，使其成为一个弧形，可以挂更多的衣物也增加了高度。

学生作品二

评析：晾衣架结构简单，在原有基础上稍有改造，高度可调节，熟练地运用了解直角三角形相关知识，熟练使用计算器，如果能够加入理性的数据设计会更好。

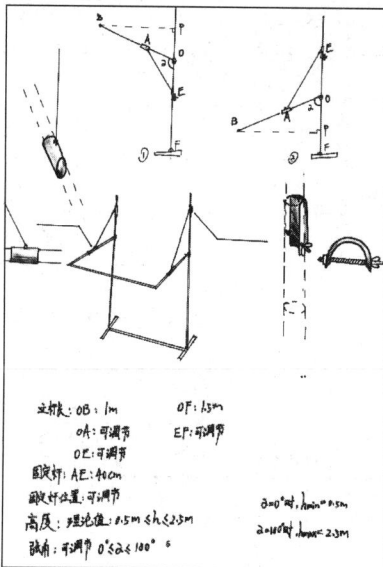

立柱：OB: 1m　　　OF: 1.5m
　　　OA: 可调节　　EP: 可调节
　　　OC: 可调节
固定杆：AE: 40cm
撑杆位置：可调节
高度：理论值：0.5m ≤ h ≤ 2.5m
悬臂：可调节 0° ≤ a ≤ 100°

a=0° 时，h_min = 0.5m
a=100° 时，h_max = 2.5m

评析：晾衣架构图清晰，细节明确，可调节高度，熟练地运用了解直角三角形相关知识，但晾衣架的稳定性有待商榷。

图① ∠2 = 105°
作 BP⊥OF 于 P
∴ OP = OB·cos(180°−2)
　　≈ 0.26m
BP = OB·sin(180°−2)
　　≈ 0.97m
∴ B点到地面的距离为 OP+OF = 1.76m

图② ∠2 = 75°
OP = OB·cos2
　　≈ 0.26m
BP = OB·sin2
　　≈ 0.97m
∴ B点到地面的距离为 OF−OP = 1.24m

学生作品三

(七)项目评价及活动记录

1. 项目产品的评价

以下是对学生作品本身的评价，以学生作品一为例给出评价结果(表 5-4)，其他案例也以此标准进行评分。

表 5-4　项目产品的评价示例

	评价内容	满分	评分
解直角三角形相关知识在项目产品中的运用	会使用计算器由已知锐角求它的三角函数值	10 分	10 分
	会使用计算器由已知三角函数值求它对应的锐角	10 分	10 分
	能用锐角三角函数解直角三角形	10 分	10 分
	能利用解直角三角形的知识解决设计晾衣架时产生的问题	20 分	20 分
项目产品设计的合理性	晾衣架的设计符合本组设计理念	10 分	10 分
	晾衣架具有稳定性	5 分	4 分
	晾衣架具有操作便捷性	5 分	4 分
项目产品设计的复杂性	晾衣架的高度可调节	5 分	5 分
	晾衣架可悬挂衣物数量可调节	5 分	3 分
	晾衣架可根据需要变换多种形态	5 分	2 分
项目产品设计的创新性	在原有晾衣架的基础上有所改进	5 分	5 分
	在晾衣架的产品设计中有自己独特的想法	10 分	5 分
总评		100 分	88 分

2. 基于学生表现的评价

基于学生表现的评价主要关注每个学生在项目学习中的知识掌握、自主学习、合作交流、作品展示等情况(表 5-5)。在项目学习完成后，可以根据学生情况采用学生自评、组内互评、教师评价等方式。

表 5-5　基于学生表现的评价标准

评价内容		满分	评分
知识掌握	掌握解直角三角形的相关知识	20 分	
	会使用计算器计算与解直角三角形相关的问题	10 分	
	能根据课堂任务自主查找资料	10 分	
自主学习	能独立思考设计晾衣架时遇到的问题	5 分	
	能独立发表自己对设计晾衣架的看法	5 分	
合作交流	能在小组内积极交流自己的想法	5 分	
	能认真听取组内其他成员的观点	5 分	
	能与组员合作找到恰当办法完成项目学习	10 分	
作品展示	项目产品设计配图清晰	10 分	
	项目产品设计文稿叙述清楚	10 分	
	展示作品时讲解清晰准确	10 分	
总评		100 分	

3. 活动记录

这是学生第一次接触这样的课程，课堂充满新鲜感，学生能很积极地投入课程的学习。在三节课的活动中，学生对收集资料介绍晾衣架和解决有关晾衣架的确定性问题比较熟悉，表现优异，课程进行得也比较顺利。

在面对改造晾衣架的问题时，学生的反馈最初没有那么积极，似乎不知道从何入手，在教师的引导下，学生逐渐进入状态，讨论先改造一个变量去引起晾衣架的改变，进而再考虑多个变量。

在最后设计晾衣架的环节，学生的思维特别活跃，想法很多，想到的影响晾衣架的因素也很多，但是这些想法不太容易融入自己的设计中，为此教师提示学生先简化自己的想法，由简单到复杂，让自己的设计逐渐升级。学生在展示和解说环节大胆展现，能说出自己的设计理念和细节，但对量化的描述有所欠缺。

总体来看，通过三节课中环环相扣的活动，学生的表达能力和思考分析能力有所提升，在一定程度上跳出了只会做题的框架。

(八)设计过程的收获及反思

1. 对教学理念的冲击

从开始接触数学项目学习到完成该项目学习的教学设计，首先对自身的教学理念是一次很大的洗礼。我起初理解的数学项目学习是以实际问题为具体情境，教师通过层层引导展开新课，学生在自主学习和探究的过程中习得新的知识。但后来我体会到，项目学习与我之前的理解有着很大的不同，它完全打破了已有的教学模式，它不拘泥于知识的生成过程，而是抛给学生一个现实的问题，促使学生通过探索、合作等方式在一定程度上解决这个问题，是让学生在学习过程中不知不觉地领会知识和技能，并不一定是按照教师的思路来领会新知识、新技能。

正是这种教学理念的洗礼使我在自身专业发展上又前进了一步。第一，我需要去了解什么是项目学习，一方面北师大专家团队提供了丰富的文字资源和模拟课程体验，使我在阅读和亲身体验的过程中逐渐了解项目学习，另一方面我还从网上查阅了一些资料，丰富了自己对数学项目学习的认识。第二，我需要去开发一个合适的项目，让学生在项目学习的过程中获得与解直角三角形相关的知识和技能，这个项目的确立是非常困难的，它必须适合初中生的能力水平，过于简单或者过于复杂都会影响后期的实施；还要有较强的可操作性，我曾经设想过好多方案，比如测量教学楼的高度、设计创意台阶等，在反复思考后最终确定了"设计活动晾衣架"这一方案，这些曲折的过程促使我深入思考如何加强实际生活与数学知识的联系，从另一个视角重新看数学。第三，我需要去实施"设计活动晾衣架"这个数学项目并撰写成教学设计，新的教学设计完全打破了过去教学设计的模式，这促使我又学习了一种新的教学设计的书写和实施方式。

2. 对学生能力的提升

项目学习案例的开发对我影响很大，基于项目的数学学习对学生的影响更大。虽然学生通过项目学习领会知识和技能可能需要花费更多的时间，可能会走一些弯路，但它带给学生更广阔的思考空间，锻炼了学生的创造力和动手能力，培养了团队合作精神和领导力，它赋予了学生应对未来挑战的能力。

我在实施项目学习的过程中发现，学生在设计活动晾衣架的过程中解了不少直角三角形，有时知边求角，有时知角求边，学生在设计晾衣架这一任务的驱动下，不自觉地掌握了解直角三角形的相关知识和技能，这比让学生做编制好的习题效果要好得多。

我还发现学生比较擅长解决确定的问题，比如计算固定杆的长度、计算张角的大小，而遇到了"写下调整方案"等相对开放的问题时，学生显得有些不知所措，在文字表述和语言表达上存在很大的问题。于是，我反复指导和鼓励学生，打破过去学习的模式，大胆创新，勇于发表自己的想法。我想，如果学生有机会参与更多的数学项目学习，对他们创新能力的发展有很大的推动作用。

3. 经验、不足与改进

通过开发"设计活动晾衣架"这一数学项目学习案例，我积累了以下经验。

(1)在确立项目阶段，针对自己初始的想法可以先找几名学生进行访谈，听听他们的想法，看看他们的接受程度，提早发现项目设计中的问题，及时调整，以防在大范围实施中出现推进困难的问题。

(2)驱动子问题的设置要有梯度，问题之间应该是递进的关系，比如我一开始的设计是让学生在计算已有晾衣架的基础上，直接设计创意晾衣架，在访谈时我发现学生对设计创意晾衣架几乎没有什么想法，因此我调整了驱动性子问题，将"台阶"搭得更舒缓一些，让学生先查一查已有晾衣架，以便有实际情境的知识储备；再算一算特定晾衣架，做好数学知识的准备；进而改造已有晾衣架，生出创新的萌芽；最后再设计活动晾衣架，让学生充分发挥想象力和创造力。

虽然积累了一些经验，但本项目仍存在一些问题值得我思考并进一步优化。

(1)学生对产品细节的描述需要进一步加强指导，比如除了宏观的描述，还需要进一步细化对每个动态过程的阐述和对每个静态结果的数学表达。

(2)本次晾衣架的设计只要求给出设计图，如果可能的话，应该让学生给出产品的实际模型，这样难度虽然很大，但对学生的动手能力和实际操作能力会有很大提升。

从开始了解数学项目学习到开发数学项目学习案例，第一次的尝试还有很多不足，但整个过程也像项目学习一样，由专家们抛给我们一个驱动问题，我们通过各种方式完成这个项目，不知不觉中提升自我。

第六章　改进实践中形成的工作机制

【本章提要】

在推进基础教育课程改革的过程中，学校和教师不可避免地会遇到很多新问题，一线教师往往对这些新问题既无现实经验，也缺乏可以直接应用的理论，因此大学与区域的合作具有重要的意义。郑州市教学改进项目是大学与区域伙伴的协作，是北京师范大学与郑州市的 U-R 合作①，以跨学科、跨学校合作的模式开展。教学改进项目的最终目的是提升教师的教学能力和教研水平，进而提高区域教育质量。改进工作的顺利开展离不开高校、区域和学校的共同努力，一个完善的工作机制是项目顺利运行的保障。通过两年的具体实施，初中数学项目组在总项目组宏观区域层面所确定的工作路径的基础上，形成了中观层面的学科教学改进模型和微观层面的学科课程实施模式，本章将对此进行展开说明。

为了更好地推进各学科教学改进项目的实施，保证教学改进的效果，总项目组制定了宏观区域层面的工作路径。具体包括：①确定改进目标的定位——提升教学能力和增强教研意识；②制定四项区域合作教学改进的原则——充分调动学校和教师主动性、多方联动协作、以点带面和点面结合、理论提升与教学实践相结合；③建立教学改进的组织和协作机制，明确学校和区域层面的支持机制——尽可能给予教师充足时间参与教学改进课程，加强学校层面对于教师的支持，加强依托区教研室的活动；④形成教学改进的工作机制——明确改进主题的确定原则、确定改进工作的流程(图 6-1)。

---

①宋萑，李大圣. 大学-区域伙伴协作实现教师教育创新：以重庆江北 APEx 实验区为例[J]. 中国教师，2014(23).

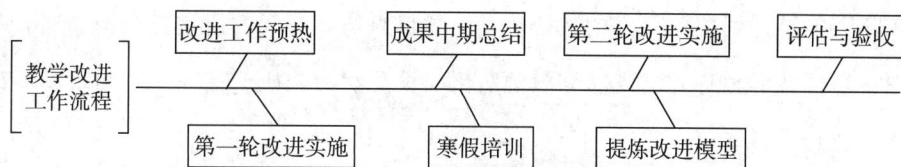

图 6-1　教学改进工作流程

在总项目组宏观层面所确定的工作路径的基础上，初中数学项目组通过设计与实践行动，形成了中观层面的学科教学改进模型和微观层面的学科课程实施模式。

一、中观层面的学科教学改进模型

郑州市义务教育质量提升工程可以看作"大学、地区、中小学（University，District，School，UDS)"合作教师学习与发展共同体，在此过程中，总项目组、各学科专家组、郑州市教研室及改进区域的教育行政部门、中小学校等多方合作，联合推动教育质量提升工程的实施。

中观层面的学科教学改进模型是指在具体学科领域中，学科专家组与改进区域教研部门、学校充分沟通后设计和实施的教学改进模型。具体包括以下几个方面的内容。

(一)确定对象，设计教学改进目标

为了更好地开展教学改进活动，项目推进强调"点面结合"，既力求在样本校和骨干教师上"重点突破"，也关注对整个改进区域所有初中数学教师的辐射以及区域教师的整体发展，即兼顾教师群体建设与教师个体发展。基于此，项目组每学期开展不少于三次的实地调研，每次不少于三人，含至少一名副高级职称及以上职称的专家，并且专家应作为核心成员带队到郑州当地开展工作；原则上每次调研有效工作时间不少于三天。

项目组基于数据驱动，重点支持普通学校、普通教师和普通学生实现高质量发展，所选取的样本校应具有改革的积极性和主动性，样本校一经确定，原则上

专家组要能够持续覆盖每月的教研活动。项目组与高新区教研室充分沟通后，基于对高新区数学教育教学现状和教师队伍建设现状的调研，选择了郑州市高新区三所学校作为样本校。

在教学改进活动中，激发教师个人的积极性、主动性和对专业发展的不断追求是改进课程取得成效的力量之源。项目组在与高新区教研部门充分沟通的基础上，确定了第一学年的课程实施规模，初中数学以"3＋38＋N"的模式开展，具体是指3所样本校中的38名核心教师成员，全区、全市感兴趣的其他学校教师N名，参与研修讲座与听评课等公开活动。

基于总项目组的统一规划和初中数学学科的实际情况，根据数学学科的主题特点，初中数学项目组制订了本学科的教学改进目标，明确样本校教师需要掌握的知识、技能和能力。

2020—2021学年的教学改进目标如下：

①通过集体备课、专家指导，专题讲座等形式，使得教师在教学过程中更为注重对学生高层次能力的培养，形成基于核心素养进行数学教学的理念，理解促进代数推理能力和问题解决能力的教学特征。

②通过集体备课、听课评课和专家讲座等方式，帮助教师优化促进学生代数推理与问题解决能力的教学策略，并在实践的基础上形成典型课例。

③围绕已有的调查数据、课堂观察、访谈和学生作品分析，精准地改进教学和教研，提升学生在代数推理和问题解决能力方面的表现。

④体验与同辈教师有效研讨与交流的经历，形成优质校本教研文化，通过专家实地指导，促进学校教师教学能力的可持续发展，并进一步在全区产生辐射和影响。

2021—2022学年的教学改进目标如下：

①通过专家案例式讲座的形式，使教师深刻理解项目学习的特征、设计、教学和评价理念。

②通过集体备课、听课评课、专家指导等方式，帮助教师优化项目学习教学

设计，提炼形成有效的教学策略和评价策略，提升教师的教学和评价能力，并在实践的基础上形成典型课例。

(二)规划培训课程，探索实施模式和评价机制

1. 培训课程

以第二年的教学改进为例，初中数学教学改进的主题为"数学项目学习的设计与实施"，培训内容主要围绕以下三个方面展开：项目学习的内涵、基于项目学习的数学教学设计、基于项目学习的数学课堂教学实施策略。

以第二年的第一轮培训（第一学期）为例，相应的课程安排如表 6-1 所示。

表 6-1 第一轮培训课程安排表

课程进程	课程内容	课程目标	课程效果
第一个月	(1)问卷前测反馈； (2)学生建模能力测试及反馈； (3)专题讲座： • 项目学习的理论； • 基于 2022 年版课程标准中"综合与实践"的项目学习案例设计	(1)通过问卷及试卷反馈，使教师明晰教学中存在的问题，及时调整教学策略； (2)能结合"综合与实践"板块要求和案例，进一步构思项目学习案例设计	(1)改进教师明晰了教学中存在的问题； (2)改进教师有针对性地改进教学，优化了建模能力与问题解决能力培养教学； (3)改进教师明确了 2022 年版课程标准对"综合与实践"的要求，结合综合与实践板块要求和案例，进一步构思项目学习案例设计
第二个月	(1)读书交流与指导（《怎样解题——数学教学法的新面貌》）； (2)项目学习教学设计头脑风暴； (3)改进教师分组汇报教学设计，专家组对小组汇报进行点评、引导和总结	(1)提高教师学科相关的理论学习能力； (2)提高教师将理论应用于教学实践及反思的能力； (3)提高项目学习教学设计能力，能在合理设计情境的同时体现数学学科性	(1)改进教师在专家组和"读书卡"的引导下，将书中内容灵活应用到教学中，摆脱以往的"读死书"现象； (2)通过"头脑风暴"，产生了更多项目学习的设计灵感与想法； (3)改进教师的教学设计有较大进步，项目学习的"数学味"更浓，情境设置更为合理

课程进程	课程内容	课程目标	课程效果
第三个月	(1)对修改后的教学设计进行再次打磨指导; (2)"不规则图形下车辆停放问题"(郭银鸽)现场课展示与指导; (3)"楼房采光时间的计算"(宋梦华)现场课展示与指导; (4)"如何把豆芽发得最好"(李成林)现场课展示与指导; (5)"投石机投掷距离探究活动"(石秀明)现场课展示与指导; (6)"黄金分割比"(张娜)现场课展示与指导; (7)"古代战争中后勤供给方案优化设计"(曹辰)项目学习展示课与交流	(1)通过对教师项目学习教学设计进行点评,提高教师基于单元教学的项目学习教学设计能力; (2)通过项目学习教学案例的展示与研讨,进一步明确项目学习的教育价值和教学实施要点	(1)提高了教学设计的可实施性; (2)通过课堂实施,结合专家指导建议,再次优化了教学设计
第四个月	(1)"不规则图形下车辆停放问题"(郭银鸽)展示课交流与指导; (2)"黄金分割比"(曹辰与张娜)同课异构,优化设计; (3)初中数学研究课与区校推进展示活动; (4)"数学活动设计的案例和思考"(张思明专家)专题讲座	将学习成果凝练升华,形成能够辐射到全区、全市的学习产品	(1)展示课的课堂实施效果有较大进步,驱动问题串的过渡更为合理; (2)参会教师对项目学习的情境设计、学科性体现有了新的思考

2. 实施模式

对初中数学教学改进的实施模式进行归纳和提炼,如图 6-2 所示。

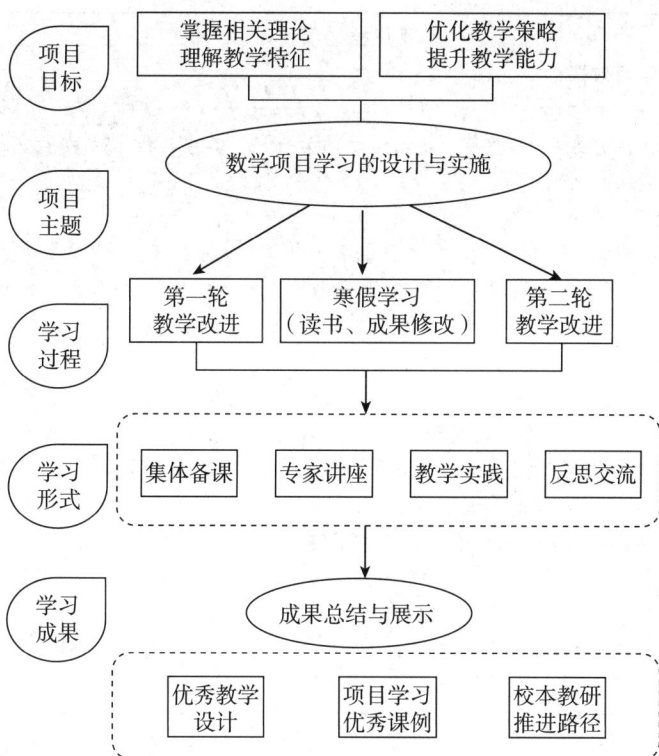

图 6-2　初中数学教学改进的实施模式

3. 评价机制

建立学科课程的评价和反馈机制，能够帮助项目组、区域行政和教研部门了解项目实施的效果，帮助教师了解自己的学习进展，明确改进的方向。每一轮教学改进后，项目组均从教师学习效果、教师对项目的评价两个方面进行分析。教师学习效果包括出勤情况、作业情况、教学理念变化、教学行为改变、对学校和区域的影响等，教师对项目的评价一般基于调查问卷对教师满意度、教师专业发展等情况进行分析。

下面以一学期为例，对项目的评价机制进行说明。

基于证据的项目评估

一、教师学习效果

1. 出勤情况

改进核心团队包括22名教师，四次活动均为全勤。其中，线上活动集中进行，保证了活动的质量和效果。

2. 作业情况

本学期共布置三次小组作业，每次作业教师都认真完成。第一次"项目学习课例设计构想"小组作业，三组全部按时提交；第二次"项目学习教学设计"小组作业，三组全部按时提交；第三次"改进建议记录及教学设计优化"小组作业，三组全部按时提交。

3. 展示课效果

本学期三所样本校共设计了六节课例，包括"关注人口老龄化""校学生会纳新啦""神奇的幻方""人口普查年龄情况""帮我买手机""制作一个容积尽可能大的无盖长方体收纳盒"。其中，"关注人口老龄化"与"制作一个容积尽可能大的无盖长方体收纳盒"在展示活动中播放了录课。

录课播放结束，对参会教师发放了评课问卷，请参会教师从学习状态、必备知识、能力素养、情感体验、活动组织、目标达成、亮点与建议七个维度进行评价。前六个维度，每个维度满分10分，亮点与建议为开放题，不赋分。

(1)"关注人口老龄化"评课问卷，作答人数146人，平均得分为8.91分。

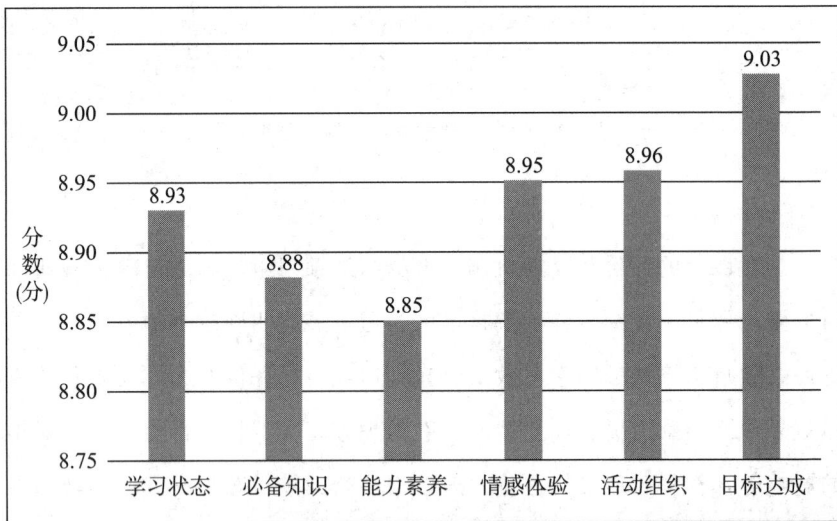

图6-3　"关注人口老龄化"评课问卷前六个维度得分情况

从图6-3可以看出，本课得分最高的维度是目标达成，得分为9.03分，说明本课学习任务的开展很好地促进了预设学习目标的达成。得分最低的维度是能力素养，得分为8.85分，说明本课在发展学生探究能力、实践能力和问题解决能力，增强学生数据分析观念方面的设计还有待提升。学习状态、情感体验、活动组织三个维度得分较高，分别为8.93分、8.95分、8.96分，说明参会教师认为学生在本课学习中学习状态良好，积极投入，课堂氛围融洽，师生、生生之间进行了充分的互动；学生经历学习、探究的过程，积累了克服困难、获得成功的积极体验，这有利于增强学生学习信心；教师能高效组织学习活动，兼顾学生个体差异，合理安排教学进程。

（2）"制作一个容积尽可能大的无盖长方体收纳盒"评课问卷，作答人数130人，平均得分为8.96分。

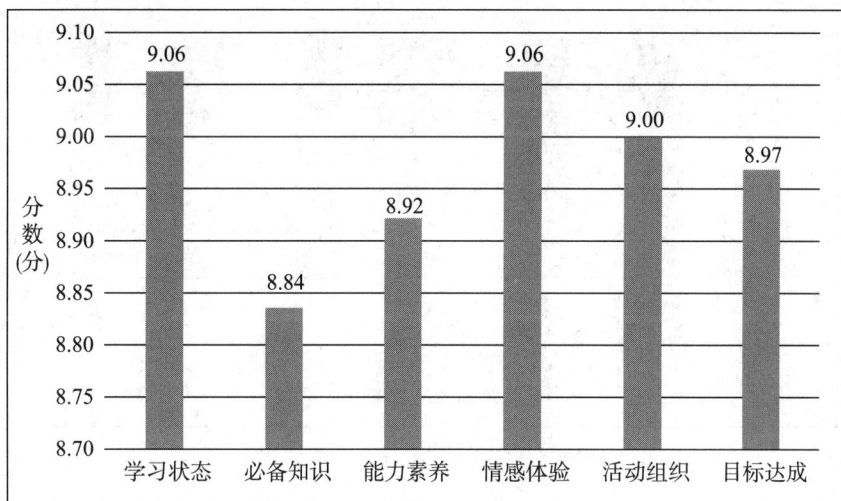

图 6-4　"制作一个容积尽可能大的无盖长方体收纳盒"评课问卷前六个维度得分情况

从图6-4可以看出，本课得分最高的维度是学习状态和情感体验，均为9.06分，说明参会教师认为，本课的设计很好地调动了学生学习的积极性，能够引导学生主动表达，多角度思考问题，经历学习、探究的过程，积累克服困难、获得成功等积极体验，有利于增强学生对后续学习的信心。同时，活动组织、目标达成维度也得到了较高的分数，分别为9.00分、8.97分，说明本课教师能高效组织学习活动，兼顾学生个体差异，合理安排教学进程，并且学习任务的开展很好地促进了预设学习目标的达成。相对而言，能力素养和必备知识维度得分稍低，分别为8.92分和8.84分，说明本课教师后续在进行课例设计时，要兼顾学习活动的知识性与能力素养培养，思考如何把学科知识更好地融入活动当中，让学生在经历动手操作、合作交流、归纳推理的过程中，提高探究能力、实践能力和问题解决能力，增强空间观念与符号意识。

（3）两节课的亮点。

在对两节课亮点的评价中，参会教师提到最多的是"学生参与度高"。这表明，通过项目学习的开展，教师逐渐认识到教学不只是教师教的活动，离开"学"，就无所谓"教"。教师逐渐把教学的关注点转移到对学生能力的培养和全面发展上，确立了学生的主体地位，让学生积极主动地参与到教学活动中来，给学生探索、展示的机会，让学生真正思考和活动。教师还增加了师生互动、生生互动，组织合作交流，形成了良好的课堂氛围，提高了学生学习数学的热情和兴趣。

（4）两节课的建议。

在对两节课提出的建议中，参会教师提到最多的是"增加引导"。在传统教学中，教师更加重视学生学习的结果，忽视过程。而在项目学习的活动中，学生要经历自主探索、问题解决的过程，在这个过程中，教师应该及时有效地帮助学生获取必要的信息，制订计划，实施计划，检验结果。

二、教师满意度

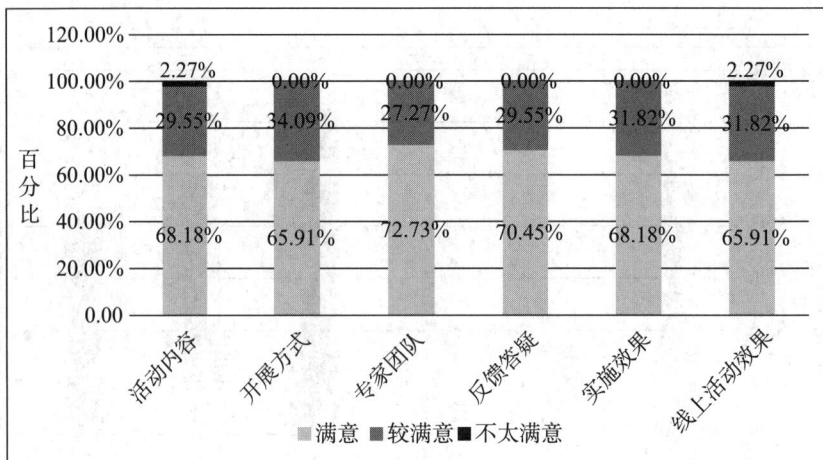

图 6-5　学期活动教师满意度调查

从图 6-5 可以看出，除 2.27% 的教师对活动内容和线上活动效果感到不太满意之外，所有教师对于改进活动的开展方式、专家团队、反馈答疑、实施效果表示满意或较满意。

二、微观层面的学科课程实施模式

为了保证教学改进与提升质量，同时将改进与提升的成果惠及更多学校与教师，郑州市义务教育质量提升工程通过优先围绕样本校建立有效模型，以及培养核心骨干教师等方式以点带面、点面结合将教育成果推广至全区、全市。基于此，初中数学教学改进项目不能只是碎片化、点状式的，专家团队和区域教研部门需要进行顶层设计，加强对课程教学目标与内容的厘清、教学方式与策略的改进、教学评价方式与结果运用的协同。由此，项目组在确定样本校和核心教师团队的基础上，设计了理论课程、实践课程和自主阅读等课程，并通过公开课、展示课等多种形式将教育成果惠及更多教师。

课程内容的设置坚持理论结合实践原则，既有理论高度与深度，又紧密联系和服务于实践教学。课程采用线下线上相结合的方式，既深入实地开展线下活动，包括专家讲座、专家听评课、模拟课堂、优秀教师示范课等多种形式，又充分利用网络平台的优势开展线上研修课程，打造跨时空和平台融合的大课堂，进一步扩大与深化改进课程的影响。

(一)课程设置

对初中数学教学改进项目的课程进行归纳和提炼，如图 6-6 所示。

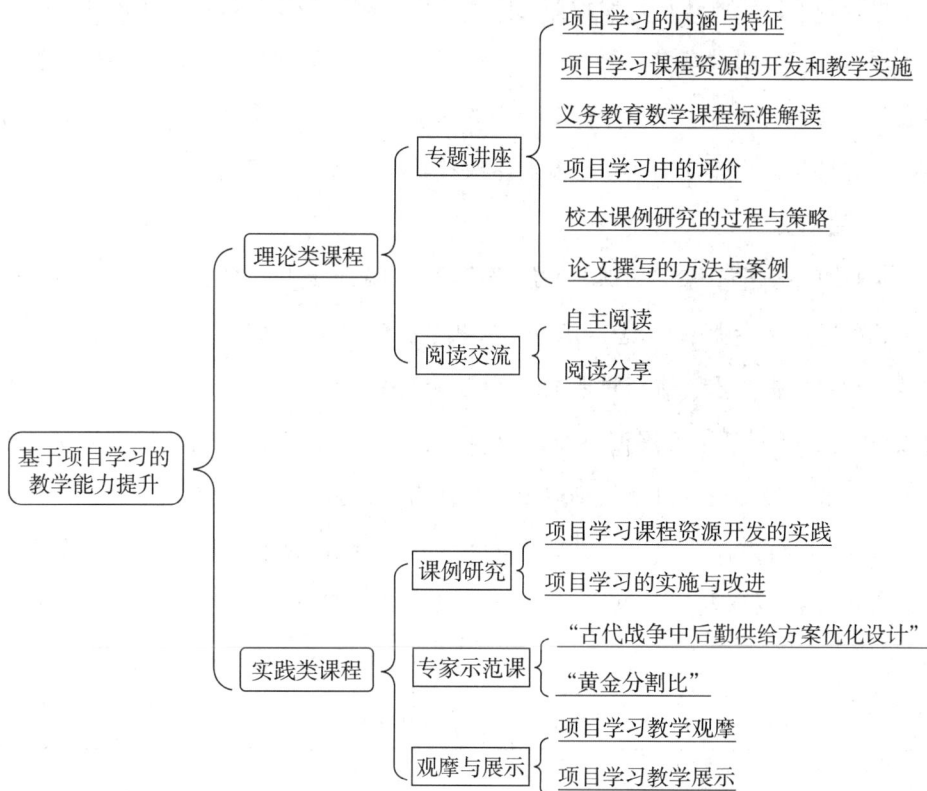

图 6-6 初中数学教学改进项目的课程结构

1. 理论类课程

(1)专题讲座

数学项目学习通过驱动性任务引导学生探究真实情境中的数学现象和数学问题，让学生经历思考、合作、探究、分享、反思等过程解决问题，完成项目产品的同时进行数学知识的自我意义的建构，掌握相应技能，并将其运用到现实生活中。事实上，大部分教师对此毫无经验，教师需要在理解项目学习内涵和实施策略的基础之上，开展自己的教学设计。

专题讲座是教师培训中常用的教学方式。专家可以通过讲座向教师介绍关于项目学习最新的理论、研究成果和最佳实践案例，带领教师了解项目学习的相关教学理论和教学设计策略与方法等。此外，课程标准的理念与解读的讲座，也有助于提升教师的专业知识，使他们能够更好地应对教学变革时代的新挑战。

项目组开展的讲座多为参与式专题讲座，主讲专家的权威性和专业性能够吸引教师积极参与学习，激发他们对知识的渴望和探索，其中实践案例的介绍与分析，更容易与一线教师的教学经验产生对接，符合成人学习的特征。

(2)阅读交流

项目组还安排了寒假培训，寒假研修的内容之一是自主阅读和研讨，以项目组推荐的第一本专业书籍《怎样解题——数学教学法的新面貌》为例，首先，每一位教师均要根据要求，选择重要的章节撰写读书心得，项目组提供了读书笔记的模板(表6-2)。然后，开展读书交流活动。活动内容包括：①确定研读活动的主持人，一般由样本校的骨干教师或项目助理担任；②三所样本校参与的教师代表(2～3 名)分享《怎样解题——数学教学法的新面貌》阅读心得；③项目组专家从学科视角进行点评与理论提升，指导有思考的教师进行修改，为发表论文做准备。

表 6-2　自主阅读任务单

姓名 ＿＿＿＿＿＿　　学校 ＿＿＿＿＿＿＿＿　　任教年级 ＿＿＿＿＿＿＿ 以下阅读任务需要独立完成，完成 Word 稿。 阅读书目：《怎样解题——数学教学法的新面貌》 阅读任务： 　阅读全书，重点阅读自己最感兴趣的一章，完成两个摘抄，并针对每个摘抄写出自己的评论和感受。 【摘抄 1】 1. 内容摘录(标记页码)

续表

2.我的评论/感受
3.将来应用于教学的设想
【摘抄2】
1.内容摘录(标记页码)
2.我的评论/感受
3.将来应用于教学的设想

2.实践类课程

(1)课例研究

初中数学教学改进的主题为"数学项目学习的设计与实施",要求教师注重激发学生的学习兴趣,强调培养学生应对复杂多变社会环境的高阶能力,这对一线教师具有较高的挑战性。与常规教学相比,项目学习是一种全新的教学方式。从教师以往的学习成果和培训实践中发现,教师在一定程度上能够理解项目学习,但是在教学设计和实践中,会反复出现概念模糊、理念冲突、实施与设计有较大落差等问题,明显呈现出教师专业发展的曲折性。

针对这种情况,项目组采取"集体备课—教学实践—反思交流—理论嵌入—再设计—实践—再反思"的行动学习模式,引领教师了解项目学习的课堂教学实施过程,通过"做中学"的方式不断改进教学,并突出反思交流环节,让教师在研究课设计和实施的打磨中形成成果。

具体而言,样本校形成学习共同体,以小组合作的形式完成教学设计,开展课例研究。在研究"课例"时,教师经历"原始课设计—课堂观察—课后讨论—改进课设计—改进课实践—反思交流"六个步骤。课例研究提高了教师对活动的参与感、积极性,突出了教师的合作交流、讨论和反思,提高了课堂教学质量,促进了教师专业发展。

项目组专家会对课例研究的每一个步骤给予具体的指导,并及时解答教师提出的问题，有针对性地提出教学改进建议。项目组还会引导教师做好每一次课后讨论的记录，布置小组长牵头组织学校内部的教学改进讨论，使教学改进具有连续性。每一个课例都经历了教学改进的过程，且同一个课例内容的原始课和改进课会由不同的教师执教，旨在使更多的教师参与其中，人人都有收获和发展。

实践证明，课例研究是推进项目学习、促进教师专业发展最合适的方式。同时，也充分说明，依托区域教研和校本教研，充分发挥骨干教师的作用，以行动研究的方式继续推进项目学习是一条有效的实施路径。

如何从区域和学校层面整体、协同、可持续地推进课堂教学的系统改进，特别是激发样本校教师参与基于项目学习的教学改进的内驱力是非常必要的。在改进实践过程中，为了达成样本校骨干教师教学和教研能力提升等预期目标，项目组引导样本校通过多种形式的教研活动，建立"个人实践反思、同伴交流合作、专业引领创新"的校本教研制度，促进教师深度参与教学改进全过程。同时，项目组以专业对话营造合作文化，会站在专业者的角度提出自己的看法，促进互动交流，避免出现单方向的传达或要求。

（2）专家示范课

教师培训中专家示范课能起到示范引导的作用。改进活动开展之初，参与改进的教师团体中，大部分教师对项目学习的概念理解不到位，往往将项目学习与单元教学和常规教学中的探究活动混淆。即使项目组已经组织教师螺旋上升式学习项目学习相关理论，教师也都认同这种教学方式对于学生发展的价值，但是在需要自己实际进行教学设计和实施时仍然感到无所适从。因此，对于项目学习这种新的教学模式需要用直观、新颖的示范性教学方法，传递其教学理念，展示其教学方式。专家示范课是一种教学交流和互相学习的方式，通过观摩和交流，教师可以学习对应的教学方法和策略，提高自己项目学习的教学水平。

在教学改进项目的推进过程中，项目组专家团队通过示范课的方式引领一线教师。例如，在"古代战争中后勤供给方案优化设计"的教学中，项目组专家将数学知识与历史事件、社会发展进行结合，帮助学生"穿越"到春秋战国时代，以"幕僚"的身份帮助将军设计后勤供给方案以达成战斗目标。在教学设计中，根据不同的历史背景设置不同的条件，提出层层递进的问题；让学生意识到"变法"不再是历史书上冷冰冰的词语，而对国家发展有着重要的意义，这一切都离不开数学知识的学习。整个教学活动让学生深度沉浸在春秋战国时代的历史背景中，通过问题驱动以小组为单位完成了"方程"的学习，给予了学生完全不同的学习体验。在"黄金分割比"的教学中，以"怎样拍出好看的照片"为载体，与学员进行同课异构，使参与的教师学习如何基于身边熟悉的事物设计项目学习，如何设计驱动问题，如何促进学生开展真实的问题解决活动，以及如何形成成果和展示成果。

（二）实施策略

教师专业发展的过程是在教学实践中发现问题，在研究的过程中展开学习，在学习中推动研究进而解决问题的过程。因此，研究目标的清晰化、研究内容的情境化和问题化、研究任务的具体化和研究成果的可视化非常重要。

1. 设计明确的学习目标

理论意识与研究方式是一线教师面对的难题，在解决具体教学问题的过程中，容易发生理论学习和实践经验之间的碰撞。因此，每次培训活动要设计适当的学习目标，以便教师在学习活动中获得发展。

2. 创设整体的学习情境

学习情境是准确定位个人角色的前提，能够以不同的角色解决问题，会让教师多角度看待问题，有利于改善思维模式。每次培训活动都应该创设一个学习情境，让参训教师承担不同角色，从不同角色的角度进行思考和实践。

3. 布置具体的学习任务

具体的学习任务包含学习程序和学习要求，参与者在完成任务的过程中能够经历学习过程，通过反思可以发现个人学习的优势与不足。在任务的驱动下，能更明确地解决学习问题。

4. 形成可见的学习成果

在设计学习任务时应充分考虑成果的表现。以学习成果检验学习效果，如学习反思、教学设计、小组研讨记录等，促使参与教师将隐性的思维外化为显性的成果。

下　篇

教学改进效果

　　本篇包括教学改进对教师专业发展的影响、对学生发展的影响，以及教学改进案例成果，从实证的角度呈现了教学改进项目开展的效果。首先，教师层面，教师对教学改进项目课程的满意度较高，关于问题解决教学的自我效能感和教学理念得到了提升，在教学设计的变化中体现出了对新课程标准中核心素养的落实。其次，学生层面，学生的统计能力、建模能力得到了发展。最后，教学层面，教师通过教学改进项目的实践，生成了单元项目学习和微项目学习的优秀案例资源。

第七章　教学改进对教师专业发展的影响

【本章提要】

初中数学教学改进项目 2020—2021 学年的主题为"促进代数推理和问题解决能力提升的数学教学"，2021—2022 学年的主题为"数学项目学习的设计与实施"。尽管这两年的教学改进主题名称不同，但项目组均围绕"项目学习"概念开展教学改进工作，在提升教师教学理念，加强教师对学科知识理解的基础上，形成了一批富有特色的案例。本章主要阐述教学改进项目对教师的影响，从整体上梳理教师参加教学改进项目的收获，并呈现典型教学案例。

一、教学改进整体效果

项目组根据项目开展的两次调研结果，从日常出勤、课堂观察、课后研讨等角度，结合教师提交的活动总结报告，对教学改进项目的实施效果进行分析。

(一)教师投入程度

1. 出勤情况

核心团队中的 38 名教师与其他学校的 8 名教师积极参加教学改进活动，四次活动均为全勤。即使是线上活动，所有教师也以学校为单位调整课时集中进行，从而保证了教学改进活动的质量和效果。所有教师的积极参与是一个非常积极和令人鼓舞的信号，表明了教学改进项目无论是培训理念、培训课程，还是教学方式均迎合了一线教师的需求，使得教师可以积极主动地协调学校管理层调整课时，保质保量地参与其中。这也意味着教师认识到了项目学习是未来教育的发展方向，认可了项目学习对于教师教学工作的意义，肯定了项目学习对于发展学生核心素养的重要性。

同时，所有教师的积极参与对促进项目组专家与教师团队的合作和交流起到了重要作用。在每次活动中，教师都有机会分享自己的经验和见解，同伴之间能够相互学习和启发。这种合作氛围加强了整个团队的凝聚力，提高了团队的效能，促进了教学策略的创新和改进。

2. 作业情况

在两年的教学改进活动中，项目组共布置了十二次作业，每次作业教师都能认真完成，并按时提交，这体现了所有教师对教学改进项目的投入，展示了他们对项目学习的真正兴趣，表明了他们愿意不断学习和成长，并为学生提供更好的教学体验。

教师提交的作业为项目组评估和监督教学改进项目的实施情况提供了重要数据和反馈。教师的积极参与和配合使项目组能够及时了解他们的实际情况，从而为他们提供更有针对性的支持和引导。这种持续的反馈和改进过程有助于推动教学质量不断提升，对于提高教学改进项目的效果和积极学习环境的营造至关重要。

3. 投入程度统计

从表 7-1 中可以看出，有约 85％的教师认为自己在改进活动中投入很大或较大，仅有约 15％的教师认为自己投入程度一般。

表 7-1 教师投入程度（自评）

选项	小计	比例	
很大	19		41.30%
较大	20		43.48%
一般	7		15.22%
较少	0		0
很少	0		0
本题有效填写人次	46		

从表 7-2 中可以看出，有约 93％的教师认为同伴在改进活动中投入很大或较大，仅有约 7％的教师认为同伴投入程度一般。

表 7-2　教师投入程度(他评)

选项	小计	比例
很大	27	58.70%
较大	16	34.78%
一般	3	6.52%
较少	0	0
很少	0	0
本题有效填写人次	46	

(二)课程满意度

从图 7-1 中可以看出，97％以上的教师对于改进主题、改进活动的内容、改进活动的开展方式、专家团队的人员构成及专业水平、专家团队的反馈(答疑、作业等)、改进活动的实施效果表示非常满意或较满意。

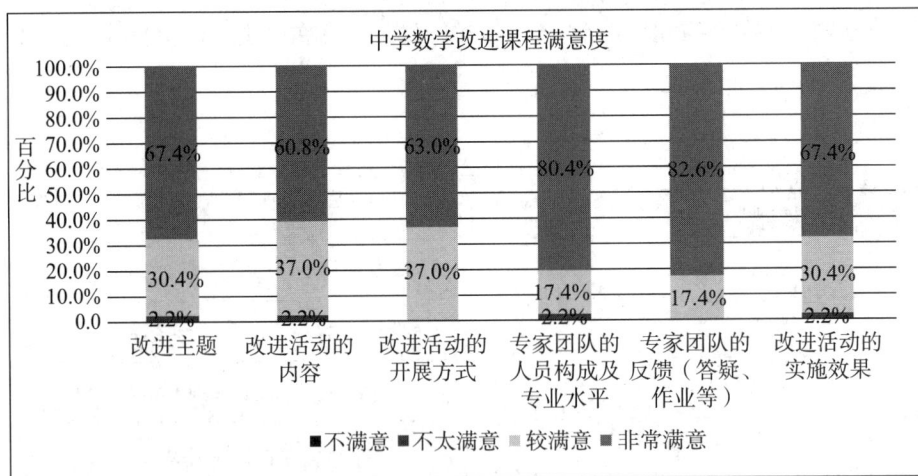

图 7-1　初中数学教学改进课程满意度

(三)产生的影响

有 98％的教师认为教学改进活动对自己当下的教学或教研工作产生了积极

影响，有 96％的教师认为教学改进活动对自己未来的专业发展有帮助，主要体现在教育理念、教育理论知识、教与学的策略、课堂组织形式、专业研究能力、教师自我效能等六个方面。

二、基于教学改进的教师变化

(一)问题解决教学的自我效能感

从图 7-2 中可以看出，在改进项目启动之初，教师在涉及问题解决教学的自我效能感的 5 个问题上基本表现得非常有自信或有点自信，其中自信人数比例最高的是"运用画图、列表、算式等多种方法，展示给学生不同的解决问题的策略"，自信人数比例最低的是"对于同一个问题，给出不同的情境，看学生是否真的学会解决这个问题"。整体而言，教师关于问题解决教学的自我效能感较高，但在不同情境中考查学生的问题解决能力上相对较弱。

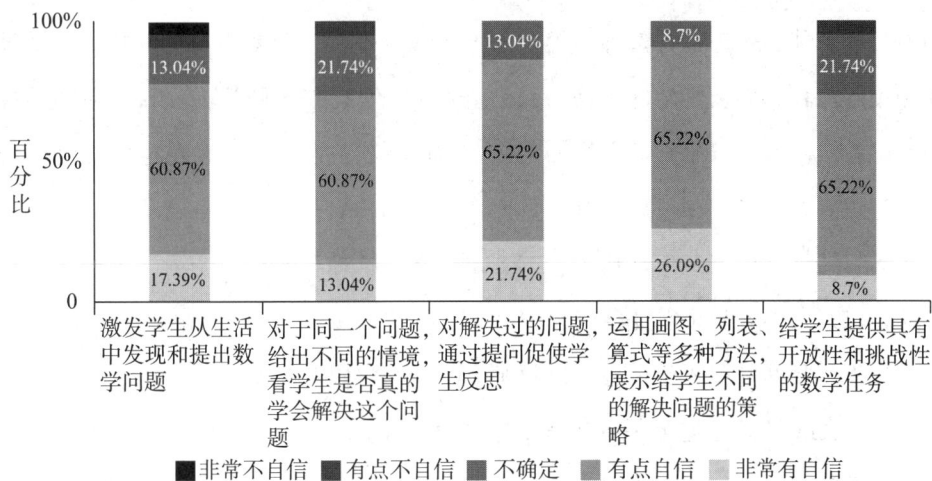

图 7-2　问题解决教学的自我效能感(前测结果)

在教学改进活动结束后，有 13 位教师认为改进活动对提升其自我效能感有帮助。多位教师提到，通过对教材情境的理解和应用，对实际问题情境的分析，明白了实际问题情境的作用；通过以项目学习的方式进行教学设计，在引起学生兴趣，帮助学生领会数学价值，以及培养学生问题解决能力上更有信心。

例如，"设计运动会开幕式队形"一课，通过小组活动，引导学生利用平面直角坐标系、旋转、平移等知识，完成了运动会开幕式班级入场队形设计。这个过程以设计队形为驱动问题，让学生积极调动自己学习过的知识，丰富设计方案。在具体的任务情境中，通过分工合作，学生各显其才，解决问题的同时增强了团队合作意识。

(二)核心团队教师的教学理念提升

通过一年的项目学习实践，教师逐渐意识到项目学习不仅是教学方法的创新，更是教育理念的变革。大部分参与教师在教学理念上发生了显著变化，具体体现在对以下几个方面的重新认识和理解：一是课堂教学方式改变的必要性，二是项目学习对师生发展的独特价值，三是如何更好地开展项目学习，四是激发学生的深度参与和学生的个性化需求。例如，贾乐珍老师深刻感受到新型课堂教学模式的必要性，在教学理念和课堂教学方式上做出了显著转变。李聪慧老师认识到项目学习能够实现提升教师与学生能力的双重效益，具体体现在教师的教学设计和创新能力，以及学生的主动性和创造力上。马建伟老师认为项目学习能够推动教师教学实践与学生学习方法的革新，教师在项目学习中的角色应转变为协助者，意识到时间管理和反思机制的重要性。王林林老师分享了自己从传统教学到项目学习转型的个人经历，从中可以看出，其教学理念向更加注重学生的参与和互动，以及个性化教育转变。

以下将具体呈现 4 位核心团队教师撰写的学习收获与反思。

【个案 1】贾乐珍老师——教学观念与课堂模式的转变

项目学习是一种新型的课堂学习方式，通过对项目学习相关理论的学习，我对自己以往的课堂教学方式进行了反思，认识到新的课堂教学模式是新形势下的必然产物，应该且必须让自己的课堂教学方式有所改进。

(1)教学观念的改变。随着新课程改革的不断推进与实施，教育已由重视学生知识与考试分数转向重视学生全方位能力的培养与发展，教育的目的已经转变为培养全面发展的人，在项目学习的培训过程中，自己对这一观念的认识又有了进一步的加深。项目学习的课堂变"传授"为"指导"，变"师问"为"生问"，学生也变"苦学"为"乐学"，这一课堂教学模式为接下来的课堂教学指明了思路。

（2）课堂教学方式在潜移默化中开始转变。观念的转变势必会引起行为的转变，自参加项目学习的培训以来，自己开始慢慢改变课堂教学方式，开始有意识地在课堂中加入真实的情境设计，并加入驱动问题让学生分析、运用新知解决问题，把课堂的主导权还给学生，在学生自主学习的过程中培养学生的探究精神，提升学生的创新能力和合作交流能力。

通过项目学习的培训，自己在今后的教学中要做到：

（1）转变观念，凸显学生主体。在今后的教学过程中，要转变思想，更新教育观念，把学习的主动权交给学生，鼓励学生积极参与教学活动。要使自己成为学生学习的组织者、激励者、引导者、协调者和合作者，学生能自己做的事不代劳，在恰当的时候给予恰当的引导与帮助，让学生通过亲身经历、体验数学知识的形成和应用过程来获取知识，发展能力。

（2）联系生活实际，培养学习兴趣。要善于利用生活中的情境，通过生活中的数学问题或我们身边的数学事例，让学生体会知识产生和发展的过程；通过设置合适的项目，让学生切实体会运用数学知识解决实际问题的过程，增加学生对数学学习的兴趣。

（3）关注个体差异，促使人人发展。数学教育要促进每一个学生的发展，既要为所有学生打好共同基础，也要注意发展学生的个性和特长。在设置项目活动时，要从学生实际出发，兼顾学习有困难和学有余力的学生，通过多种途径和方法，满足他们的学习需求，发展他们的数学才能。

对教学改进活动的建议：首先，实践出真知，建议提供更多的机会让更多的项目组成员进行示范课展示；其次，经过培训，学员教师对项目学习有了一些认识，也有一些学员教师代表进行了示范课展示，但这些课总归不是规范或完善的项目学习，期望多给学员教师展示一些专家的示范课，以供观摩学习；最后，在前期的示范课展示中，项目组专家多次提到课堂中的评价还做得不到位，希望可以针对如何在项目学习中合理开展学生评价进行专题培训。

【个案 2】李聪慧老师——看到项目学习优势

项目学习不仅益于教师，而且益于学生，它是一个益于师生的教学与学习方式。白永潇教授曾提出，根据课本知识设计出成品，让学生在做中学、学中做，学习与问题息息相关，循序渐进；形成的方案要汇报、对比，专家要给予反馈评价。不论是驱动问题设计、学习过程设计，还是学习结果评价设计，处处都能体现教师的用心和设想，项目学习的设计要比单单设计一个问题情境、一节课花费更多的心思，也更考验教师对知识体系的掌握，对学科知识的整合，以及教师个人的教学创意。因此，于师于生，项目学习皆有益。

驱动问题是学生最先接触到的项目学习的一部分，驱动问题对于激发学生注意力，使学生投入到项目探索中具有关键作用。我联想到教学改进课程的头脑风暴环节，将教师们的奇思妙想——测量教学楼采光问题、停车场最多车位的设计等，与学生的经验进行了联系，找到了贴切的、学生感兴趣的情境。因此我认为，要设计一个项目学习，首先要找到一个学生感兴趣而且能与学科知识联系的驱动问题，也因此这个驱动问题要比平常一节课的情境引入难设计。

项目学习是一种以学生为中心的教学方法，它提供一些关键素材构建一个环境，学生组建团队通过在此环境里解决一个开放式问题来学习。需要注意的是，项目学习并不关注学生可以通过一个既定的方法来解决这个问题，而更强调学生在试图解决问题的过程中发展出来的技巧和能力，包括如何获取知识，如何计划项目和控制项目的实施，如何加强小组沟通和合作等。

项目学习是主餐，而不是甜点，项目学习处于课程的中心，而不是边缘。这个定位表明，项目学习一定要进入基础课程。数学作为重要基础课程之一，势必也要开展项目学习，这是因为数学项目学习能锻炼学生在面对复杂问题情境时的整体数学思维和决策能力。然而数学项目学习案例目前很少，主要原因是难设计，难在稍有把握不准就会把项目变成一个稍微难一点的应用题，让学生觉得"假大空"。

对项目学习我有以下两点思考和建议。

首先，项目学习的设计真正实现了从以教师为中心向以学生为中心转变，从以课本为中心向以项目为中心转变。项目的选取是学习的关键，创设学习资源和协作学习环境是教师最主要的工作。最终要以学生完成项目情况来评价学生的学习效果，但我们更要关注过程。希望项目组专家对如何选取项目、如何实施项目、如何评价学生进行更加详细的指导。

其次，如何扬长避短，正确对待和运用项目学习值得思考。传统教学法之所以被长期而广泛地应用，是因为传统教学法有自身的长处。一是对知识的阐述由浅入深，循序渐进，便于初学者迅速入门。二是各阶段的知识点相对集中，便于学生分步学习和掌握。三是对课程知识的讲述比较全面和系统，既便于学生从整体上把握课程的脉络和重点，也有利于学生课后的总结和复习。这些优点是项目学习所不具备的。因此，对这两种互补性较强的教学法，我们应该取长补短，从教材到教法，以传统教学法为主，在每个章节或联系性较强的知识区域的教学告一段落后，适当增加项目式的实训，便于学生在实践应用中加深对前面所学知识和技能的理解和记忆。在完成全部课程理论知识的教学后，再辅以涵盖所有章节和知识点的综合实训，使学生从总体上认识本门课程的知识技能在实际案例中的作用和使用方法。

【个案3】马建伟老师——关注项目学习中的时间管理与反思机制

在专家的指引下，教师经过三轮教学改进，呈现的项目学习课堂精彩无比。通过学习，我认识到项目学习是一种以学习者为中心的学习方式，强调从真实世界的问题出发，项目学习通过小组协作的形式，让学生借助信息技术以及多种资源开展探究性学习活动，在一定的时间内解决一系列相互关联的问题，并将研究结果以一定的形式发布。项目学习可以有效激发学生的主动参与性，以问题导入，激发学生思维的扩展性和活跃性，以合作探究的形式，使学生在协作中获得社会性的发展，促进学生的创新能力发展及多学科知识的综合运用，扩展学生思维面和知识面。

在时间管理方面，我们都会希望对项目日程做到心中有数，同时帮助学生开发他们自己的时间管理策略。里程碑任务能帮助学生看到，即便是一个大任务，也是需要经过一系列较小的步骤才能完成的。为这些里程碑任务设定实际且明确的期限，能帮助学生学会在一个个期限前完成任务，避免最后时刻的紧张局面。

在项目学习的"繁忙"阶段，找时间反思是有一定挑战的，但不能放弃反思的环节。即便是一堂课的最后几分钟，也足够让学生停下来回想自己的学习。项目中的哪些地方让他们感到吃力？哪些方面进行得还不错？混合使用一些反思的提示和方法，可以避免答案过于机械化。例如，让学生互相采访，分享一条感悟，或者用表情符号来反映他们当下对项目的感受，都会使他们不断提升。

在本次教学改进项目中，我进一步认识到项目学习是改变当前学生学习方法的有效手段，项目学习优势明显，但实施的难度不小，需要我们不断努力。

在项目学习中，学习过程成为一个人人参与的创造实践活动，它注重的不是最终的结果，而是完成项目的过程。学生会在项目实践的过程中，理解和把握课程要求的知识和技能，体验创新的艰辛与乐趣，培养分析问题和解决问题的思维模式和方法。学生作为项目学习的直接参与者，会因为兴趣爱好，或是心理因素积极地投入进来，从最初的调查到探讨，再到设计开发，直至最终形成成果，学生都作为第一责任人。整个过程以社会实际需要为蓝本，旨在锻炼学生对知识的认知能力、转化能力，对社会的适应能力、交际能力。通过参与，学生才能更好地将学到的知识与技能与社会需求相结合。学生学会自学，这是教育过程中最重要的环节之一，项目学习就是以此为契机，让学生学会将知识与技能转换为直接生产力，或是符合社会需求的思维模式。项目学习能让学生自始至终都处于一个主导地位，让他们尽早地为自己的思维方式与做法负责。同时，通过组织学生参加项目学习小组，可以训练学生在实际工作中与其他人协调、合作的能力。综上所述，项目学习的目的在于开发学生智力，尊重个体差异，培养学生动手能力、生存能力及学习能力。

在项目学习的具体实践中，教师的作用不再是一部百科全书或一个供学生利用的资料库，教师要成为一名协助者，帮助学生在独立研究的道路上迅速前进，教会学生如何应付大量的信息，引导学生在实践中发现新知识，掌握新内容。学生作为学习的主体，通过独立完成项目把理论与实践有机地结合，不仅提高了思维水平和实践技能，还在教师有目的的引导下，培养了合作、问题解决等综合能力。而教师也在观察学生、帮助学生的过程中，开阔了视野，提高了专业水平。可以说，项目学习是师生共同完成项目、取得进步，教学相长的方法。

对项目学习的思考和建议如下：

（1）在平时教学过程中，教师有时会为了教知识而教，而学生则为了学知识而学，这就片面地孤立了知识。如果仅仅是为了教知识、学知识、记住知识的话，完全可以让学生把知识记下来，而不用大费周章地去设计引入、练习等诸多环节。在教学中，将知识所在背景环境、背景信息提供给学生，可以让学生受到知识发展过程的有效牵引，从而逐步地学习这个知识；只有经历了过程，才能让知识的效能达到最大，因此，如何让学生成为主动学习者是重中之重。

（2）项目学习对培养学生的综合能力非常有用，但实施项目学习的要求也非常高，尤其对教师的要求非常高。教师必须具备完成一个项目学习所涉及的所有专业理论知识和专业技能，还必须能够寻找到适合的用于教学的项目任务，适合是指该项目应能涵盖学习领域所涉及的全部或绝大部分教学目标规定的内容。教师还必须在备课时做大量的案头工作，以应对学生的各种未知问题，使学生的行为更加可控。除此之外，教师还需要有很强的调控能力，需要不断地提升自己。

【个案4】王林林老师——从教师主导到学生中心的转变

教育是社会进步和个人成长的重要引擎之一，教师在其中扮演着培养未来一代的关键角色。教育不是一成不变的，随着社会、技术和文化的变革，教学理念需要不断地适应和更新。我作为一名教师，在参加为期一年的项目学习培训后，教学理念发生了显著变化，这个变化不仅深刻地影响了我的教学方法，还改变了我对教育的看法。

在接受项目学习培训之前，我秉持着传统的教育观念，认为教师应该是知识的传授者，学生的主要任务是接受和记忆这些知识。我的课堂通常以教师为中心，我负责讲解教材，学生则被要求记笔记、回答问题或计算解题。我强调纪律和秩序，希望通过强制性学习来培养学生的纪律和责任感。

然而，随着时间的推移，我开始怀疑这种传统教育观的有效性。我发现，虽然学生可能在考试中取得不错的成绩，但他们对所学知识的理解和应用却不够深入。更重要的是，他们对学习失去了兴趣，将其视为一项繁重的任务，而不是一种有趣和有价值的活动。于是，我决定寻求改变，报名参加了为期一年的项目学习培训。

项目学习培训为我提供了一个全新的教育范式。在培训过程中，我学到了许多新的教学方法和理念，其中最重要的是项目学习。项目学习强调学生参与、合作和实践，将学习与实际问题和情境相结合。这种方法激发了学生学习的主动性和创造力，让他们更深入地理解所学内容，并将其应用于实际生活中。

在培训中，我还学到了关于个性化教育的理念。个性化教育意味着要考虑每个学生的独特需求和学习风格，为他们提供定制的教育体验。这与我以前的"一刀切"的教学方法形成了鲜明对比，我开始明白，每个学生都有其独特的潜力和学习路径。

经过为期一年的项目学习培训，我的教学理念发生了显著的变化。我不再将自己视为知识的传授者，而是将自己看作学生学习的引导者和启发者。我开始更加注重学生的参与和互动，鼓励他们提出问题，探索解决方案，并将所学知识应用到实际问题中。

项目学习成为我的主要教学方法之一。我设计了一系列富有挑战性和实际意义的项目，让学生在解决问题的过程中学习和成长。这些项目涵盖了多个学科领域，培养了学生的跨学科思维能力。学生通过合作、研究和反思，不仅深入理解了知识，还培养了解决问题的能力和团队合作精神。

三、基于教学改进的教学设计变化

在为期两年的教学改进项目中，所有参与教师都在项目组专家的指导下，经历了项目学习案例的开发过程，并通过多轮修改，提交了所开发的项目学习案例。本节通过展示宋梦华老师的案例改进过程，呈现项目组专家与教师的互动，以及教师在改进项目中的进步。

帮小领选个工资报酬合理的公司
——基于项目的中位数与众数的教学设计

（教学设计第一版）

郑州高新技术产业开发区第一中学　宋梦华

（一）学习规划

实施过程：抛出问题情境→理解集中趋势→画出条形统计图→解决实际问题→理解众数、中位数→解决实际问题→对比总结差异性→优化建议→总结。

学习目标：

1. 通过具体情境，借助条形统计图，理解众数、中位数的意义和异同。

2. 会求一组数据的众数、中位数。

3. 通过探究活动，能对统计数据集中趋势从多角度进行全面分析，恰当选择数据对生活进行指导，掌握分析和描述数据的方法。

4. 激发学习兴趣，增强合作交流和应用意识，培养数据分析观念。

（二）所需材料

小领同志基本情况，公司工资表，方格纸或计算机，计算器。

（三）注意事项

学生要用电子表格软件进行适当数据处理。

（四）学习环节

【问题情境】小领同志正在找工作，在经过多个公司的面试后，有三家公司对其进行录取，小领同志希望可以得到一个工资报酬高且有发展前景的工作，于是对三个公司的员工工资情况进行了数据收集，想了解一下各公司工资报酬的水平，你能对这些数据进行分析，给他提出一条好的建议吗？

【活动1　根据以往经验给出初步建议】

问题1：数据繁杂，根据以往经验，你会用什么数据描述三个公司的工资水平？

预设：从平均数的角度看公司的一般水平。学生计算各公司的平均工资，发现各个公司的平均工资一样，都是 7 576 元，无法给出更好的选择。

学生提出问题：只从平均数的角度去描述工资的基本情况已经不足以解决问题了？

问题 2：分析用平均数无法给出更好选择的原因，你认为应该还可以从这些数据的什么角度反映工资情况？

预设 1：有个别员工工资太高或者太低影响了平均工资水平，可以去掉最高工资和最低工资再计算平均工资，给出建议。

预设 2：从数据中发现，工资会集中在某个范围，用"大多数人的工资"或"中等水平的工资"来反映比较合理。

教师总结：仅仅用全部数据的平均数不能完全反映基本情况，有时会受到极值的影响，要从大多数或者更集中的数据(其他角度)更为精确地进行推断。

【**活动 2　根据条形统计图给出建议**】

引导学生画条形统计图，比较直观地观察数据的分布情况。

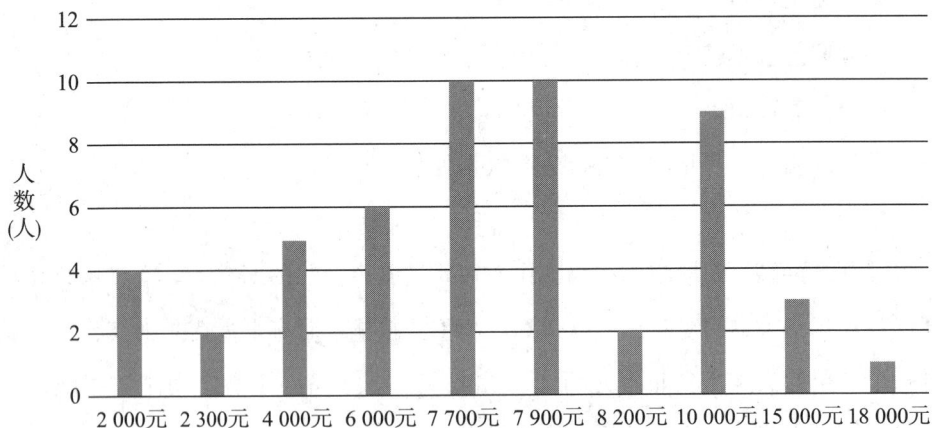

公司1工资的条形统计图

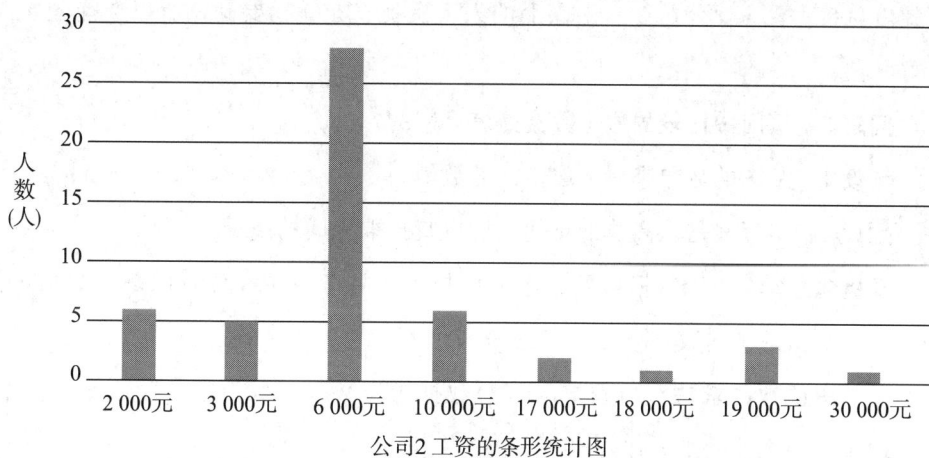

公司2工资的条形统计图

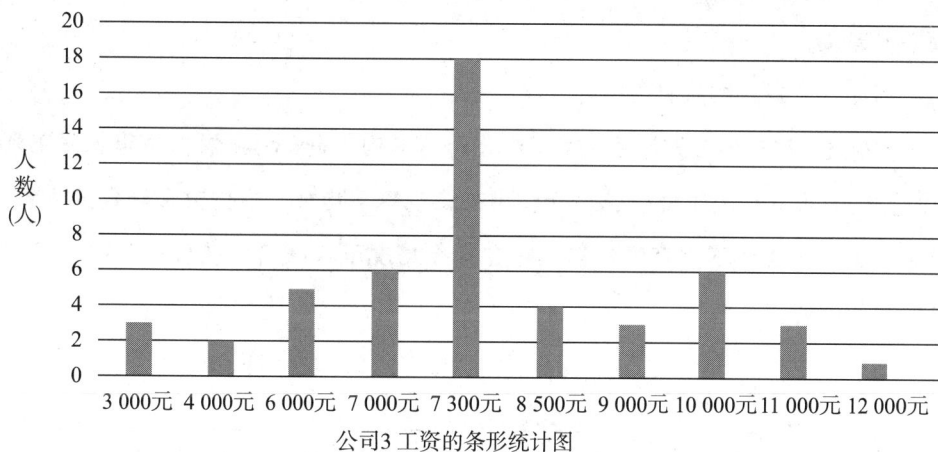

公司3工资的条形统计图

问题1：你能根据条形统计图描述工资集中分布的情况吗？

预设1：可以看出公司1工资是7 700元和7 900元的人数最多，其次是10 000元，公司2工资是6 000元的人数最多，公司3工资是7 300元的人数最多。大多数人集中在这些工资附近，按照这个角度分析的话，选择公司1会好一些。

新概念总结：一组数据中出现次数最多的那个数据叫作这组数据的众数。

预设2：公司1一半以上的人工资比7 700元要高，公司2一半以上的人工资比 6 000 元要高，公司 3 一半以上的人工资比 7 300 元要高，所以选择公司 1 会好一些。

问题 2：请问做比较的这个数据是怎么来的？

预设 1：从图的分布来看，取中间的数值。

预设 2：工资表是从高往低排的，所以直接取中间的工资。

新概念总结： n 个数据按照大小顺序排列，处于最中间位置的一个数据（或中间两个数据的平均数）叫作这组数据的中位数。

总结中位数的求法：（1）排序；（2）数据为奇数个，取中间数，数据为偶数个，取中间两个数的平均数。

问题 3：请用众数和中位数对公司 1、公司 2、公司 3 的工资进行评价，给小领一些建议。

预设：学生总结前面的预设内容。

问题 4：请在条形统计图中将每个公司的平均工资（平均数），中等水平工资（中位数），大多数人工资（众数）标注出来，观察平均数、中位数和众数的直线，三者一定重合或者不重合吗？你觉得在什么情况下会重合？在什么情况下不重合？举例说明。

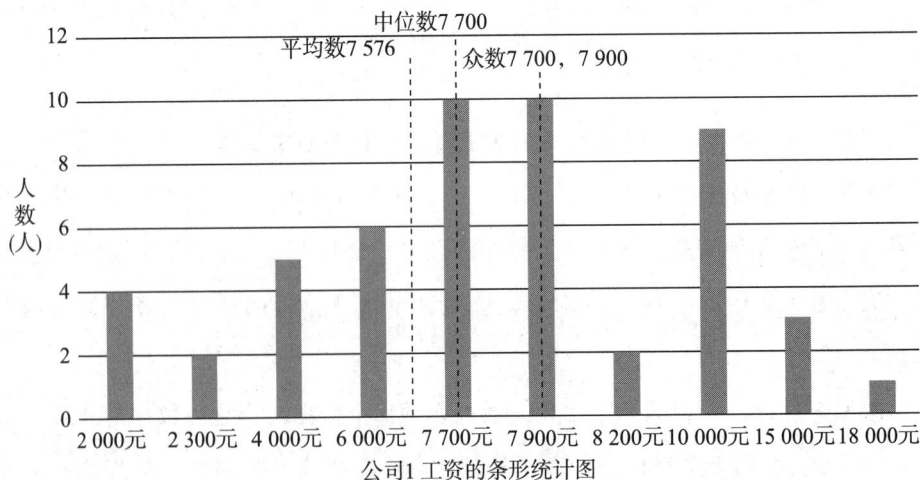

公司1工资的条形统计图

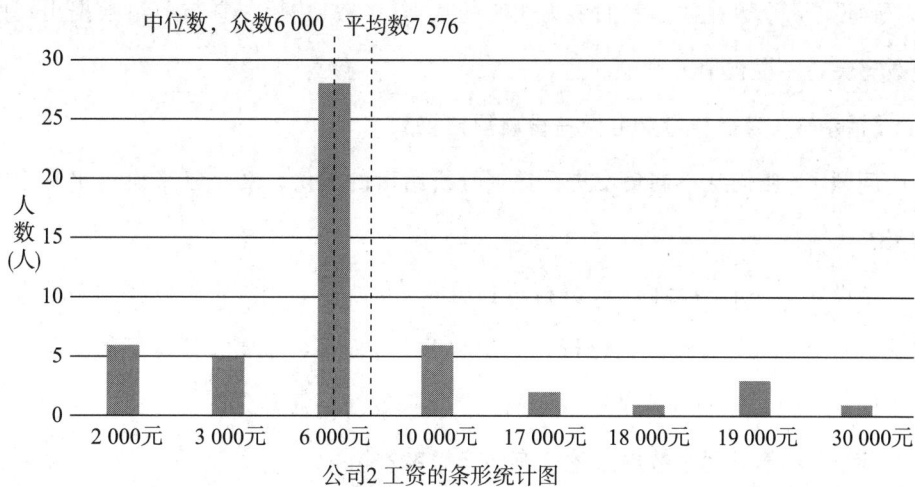

公司2工资的条形统计图

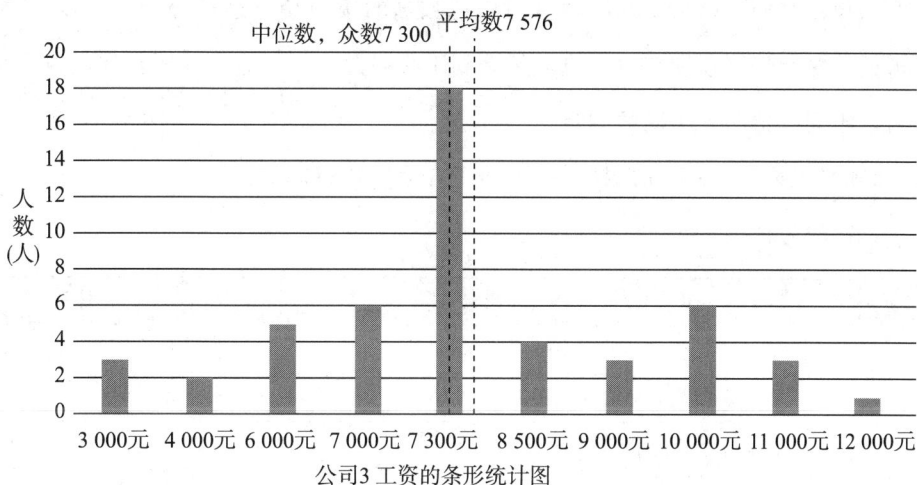

公司3工资的条形统计图

预设：不一定重合，但也有可能重合。当分布图对称时是重合的。

问题5：你能说说这三个数据有何异同吗？

预设1：平均数、众数和中位数都是描述一组数据集中趋势的量（不同角度）。

预设2：平均数、众数和中位数都有单位。

预设3：平均数反映一组数据的平均水平（平均情况），与这组数据中的每个数都有关系，所以应用最广，但它受极值的影响较大。

预设4：中位数只要很少计算，不受极值影响（中等情况）。

预设 5：众数往往是我们最为关心的数据（多数情况），它与各组数据出现的频数有关，不受极值的影响。

【活动 3 为小领量身定做一份就职建议】

问题 1：咱们从不同角度进行数据分析给出的建议，对小领来说一定是最好的吗？

预设：不一定，我们只是分析了公司的一般水平、中等水平以及大多数人的情况，是对大部分人情况的分析，但是对于小领而言，还要看他从事的职位，针对不同的职位，他的选择是不一样的，具体问题还要具体分析。

问题 2：你对利用数据给建议有什么思考？

预设：我们可以从不同的角度对一组数据的集中趋势进行分析，角度越多，了解的情况就越清晰和有效，也就越有利于我们做分析，但是也要具体问题具体分析，不同的情况有不同的侧重点。

【项目成果】为小领同志提出一份最适合他的就职建议。

（五）学习评价

	评价标准	得分
活动 1	能准确计算平均数（5 分）	
	能发现问题，并表述问题（10 分）	
	能表述问题原因（10 分）	
活动 2	能画出条形统计图或熟练使用电子表格软件（10 分）	
	能根据图表描述并进行预判（15 分）	
	能计算和理解中位数和众数（10 分）	
	能积极参与讨论（10 分）	
活动 3	能恰当使用阅读材料，抓住关键信息（10 分）	
	能给出合理建议（20 分）	
总分（100 分）		

（六）设计过程的收获及反思

在设计该活动时，查阅了大量关于统计学的资料，了解了平均数、中位数、众数的产生过程。本设计的核心：(1)借助条形统计图从不同的角度分析数据的集中趋势，从而做出对事件的判断；体现数据对生活的指导意义。(2)对比不同角度分析数据集中趋势的差异性。在此基础上设计了一个情境，用于激起学生认知的矛盾。因为疑问是建构教学的起点，它可以激发学生认知上的矛盾，可以对学生的心智产生刺激；问题是知识递进的必要条件，也是学生在先前探索活动中产生的疑点。在问题情境中学习，有利于学生建立新的认知结构和数据分析观念。通过项目活动的形式，学生对两个概念进行归纳整理，通过比较概念之间的区别和联系，认识本质，形成新的认知结构。学生在讨论中相互补充，不但使学生的知识和能力得到不断完善和提高，而且也培养了团结协作精神。

不足之处在于，小领同志和三家公司的信息是虚构的，缺乏一定的真实性与合理性。针对中位数的引入，不确定是放在活动1还是活动2中更好。本节课中的活动多基于个人理解，缺乏严谨性，还应该在实践中继续改进。

(七)专家点评

该案例设置小领同志找工作的现实情境，能够有效激发学生的兴趣；学习目标具体、清晰，涵盖了数据分析的学习内容，如理解众数、中位数，以及它们在实际问题中的应用。活动设计较为合理，从初步建议到条形统计图的绘制，再到深入分析，步骤循序渐进，有助于学生逐步构建知识。同时，从教师在设计过程中的收获与反思能够看出其对教学活动的深入思考，这有助于教师持续改进教学设计。建议在教学中可以引导学生使用电子表格等工具进行数据处理，以更好地适应未来学习和工作的需求，还可以设置反思学习过程的环节，鼓励学生进一步思考。例如，在为小领同志选择公司时，除了考虑工资水平，还可以考虑职业发展机会、公司文化、福利待遇、工作地点等方面的因素，使问题的解决更加符合实际。

整体上看，该案例引入生活中的现实情境，通过设计系列问题，帮助学生认识统计概念，并应用统计知识解决现实问题，在一定程度上具有项目学习的特点。但是，我们也会注意到，在现实世界的求职过程中，不可能知道公司内部所有员工的薪资，以及该公司不同员工薪资的分布特征。这也体现了教师在进行项目学习设计的最困难之处，即选择合理的真实情境。合适的情境和项目主题有助于实现知识线和任务线的自然呈现和双线并进，因此本案例需要在情境的设置上进行改进和优化。

如何推断我市人口老龄化情况
——基于中位数与众数的教学设计

（教学设计第二版）

郑州高新技术产业开发区第一中学　宋梦华

（一）学习规划

实施过程：抛出问题情境→从直方图角度理解平均数、众数、中位数→理解正态分布→画分布草图→理解平均数、众数、中位数对分布的影响→分析实际问题（老龄化问题）→理解用数据做推断解决问题。

学习目标：

1. 通过具体情境，借助直方图，理解众数、中位数的意义，及其对分布的影响。

2. 会利用直方图求一组数据的众数、中位数。

3. 通过探究活动，能对统计数据集中趋势从多角度进行全面分析，恰当选择数据对生活进行指导，掌握分析和描述数据的方法。

4. 激发学习兴趣，增强合作交流和应用意识，培养数据分析观念。

（二）所需材料

阅读材料，方格纸或计算机，计算器。

（三）注意事项

学生要用电子表格软件进行适当数据处理。

（四）学习环节

【问题情境】我国人口普查工作可以摸清我国人口基本情况，推动经济高质量发展，完善人口发展战略和政策体系。及时开展人口普查，全面查清我国人口数量、结构、分布等方面的最新情况，既是制定和完善收入、消费、教育、就业、养老、医疗、社会保障等政策措施的基础，也为教育和医疗机构布局、儿童和老年人服务设施建设等提供决策依据。

【活动 1　从直方图中估计平均数、众数、中位数】

下图是我国 2010 年人口年龄的直方图（把每组中各个年龄用这组数据中间值代替，如 0～9 岁的中间值为 4.5 岁）。

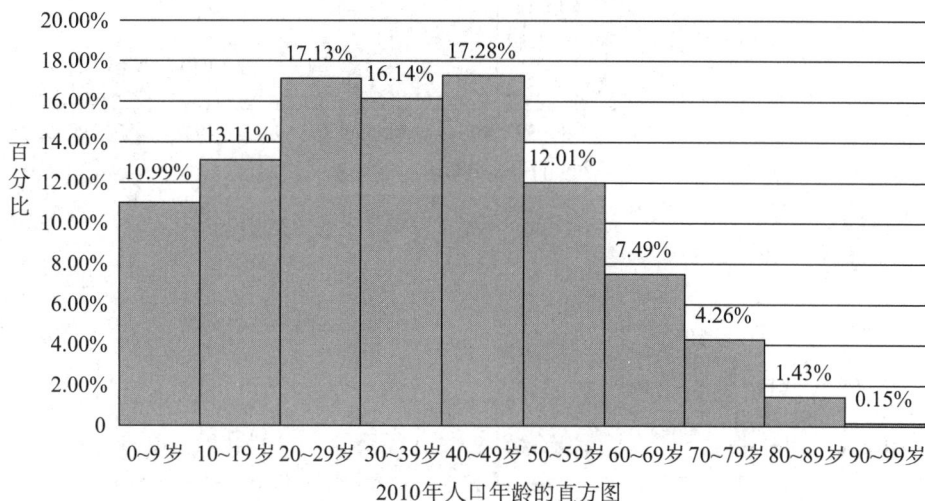

2010年人口年龄的直方图

问题：请你描述这个直方图，分享你看到的信息。

预设：大多数人集中在 10～59 岁，新生儿较少，众数是 44.5 岁。

教师追问：关于集中趋势，你还能告诉我哪些数据？

预设：中位数、平均数（说出求解这两个数据的方法）。

小组合作：计算平均数、中位数和众数。

【活动 2　画分布曲线】

引导学生在 2000 年、2005 年、2010 年人口年龄的直方图中将每组年龄的中点用光滑曲线连起来。

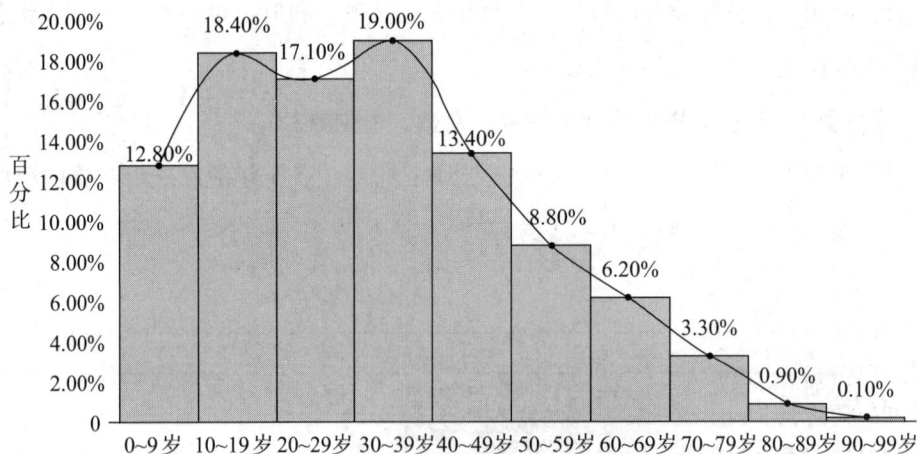

2000年人口年龄的直方图

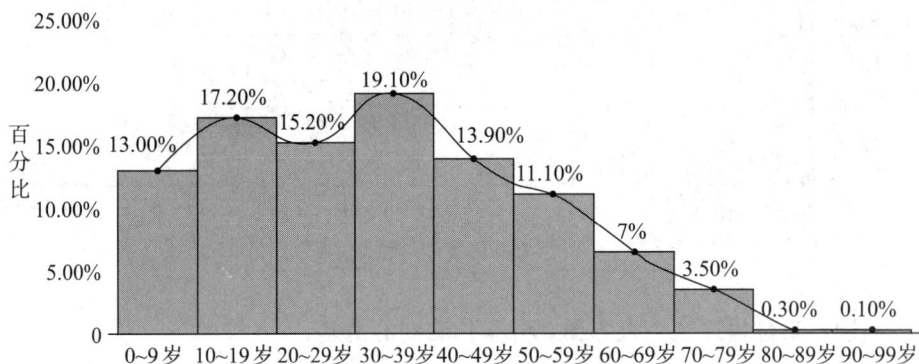

2005年人口年龄的直方图

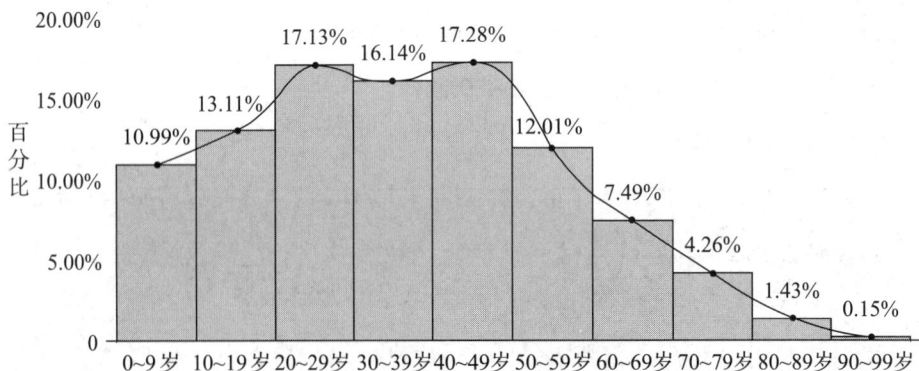

2010年人口年龄的直方图

问题 1：请观察所画曲线，有什么共同特征？

预设：中间高，两边低，像一个钟。

概念总结：像这样的曲线，我们称为正态分布曲线（视频介绍）。

问题 2：1953 年、1964 年、1982 年、1990 年人口年龄的直方图曲线是正态

分布曲线吗？

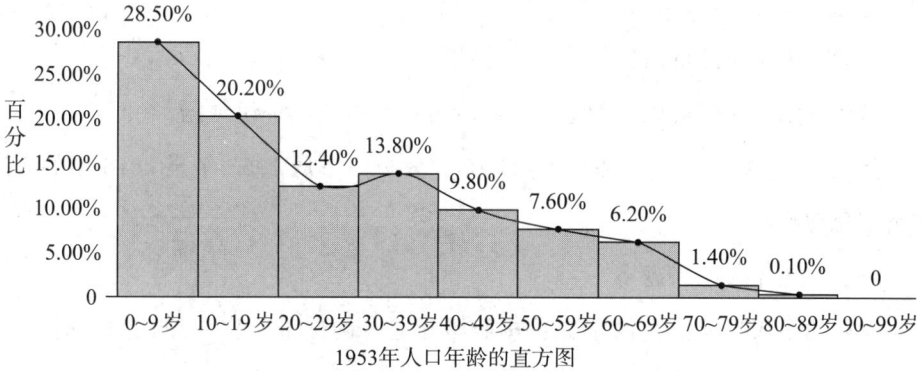

1953年人口年龄的直方图

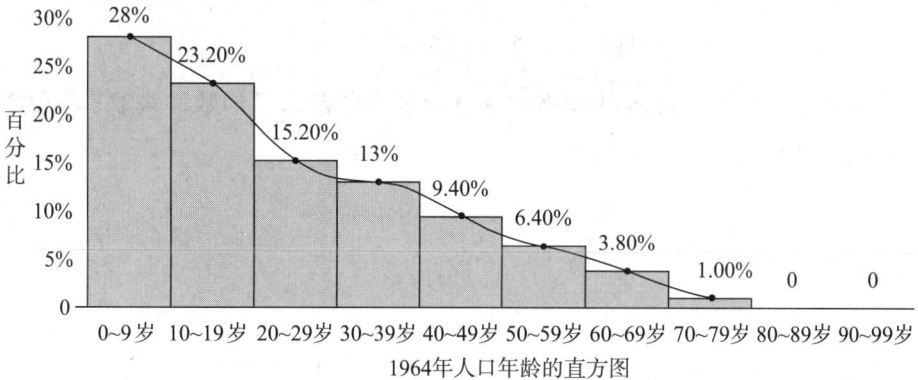

1964年人口年龄的直方图

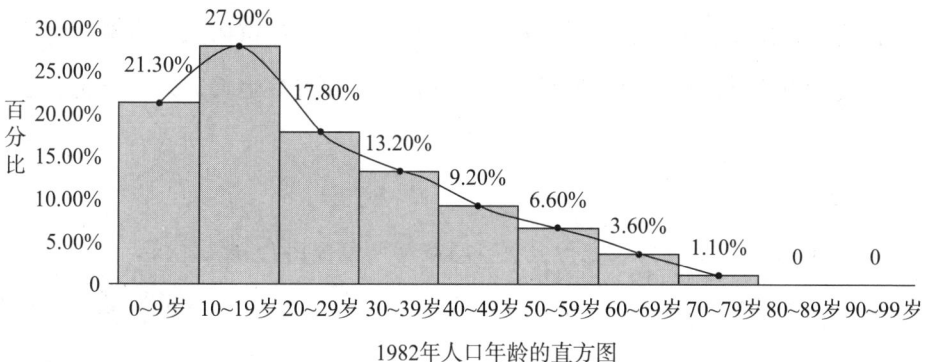

1982年人口年龄的直方图

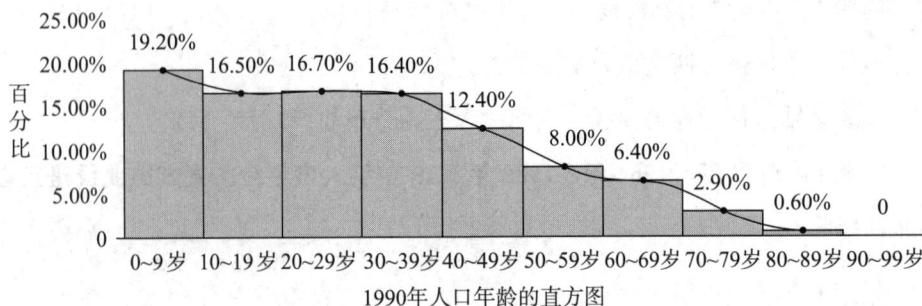

1990年人口年龄的直方图

预设：不是，但可以看作正态分布曲线的一部分。

教师总结：我们可以借助这三个统计量粗略地刻画一组数据。

问题 3：连续看这些年的直方图，你能分析一下从 1953 年至 2010 年的人口年龄变化情况吗？

预设：老年人越来越多。

教师给出人口老龄化的定义：按照国际通行的标准，当一个国家或地区 60 岁及以上人口达到总人口数的 10%，或 65 岁及以上人口达到总人口数的 7%，即意味着这个国家或地区进入老龄化社会。

【活动 3　根据 2010 年人口普查中几个城市年龄的平均数、众数、中位数，画出人口分布草图】

预设 1：北京——平均数 37，众数 25，中位数 35。

预设 2：内蒙古——平均数 36，众数 45，中位数 35。

预设 3：河南——平均数 34，众数 25，中位数 35。

【活动 4　根据省市年龄分布图，分析人口老龄化情况】

问题：根据你画出的省市年龄分布图，你觉得这些省市的人口老龄化情况如何？你会为以上省市的人口政策提出哪些建议，以便更好地促进人口结构合理及社会稳定？

【项目成果】

1. 对某省人口年龄分布进行分析，对政策调整提出合理性建议。

2. 分析从 1953 年至 2010 年人口年龄的变化情况，讨论国家相关政策制定的合理性。

(五)学习评价

	评价标准	得分
活动1	能从直方图中找到中位数(5分)	
	能从直方图中找到众数(5分)	
	能根据直方图,计算出平均数(10分)	
活动2	能根据1953年、1964年、1982年和1990年的曲线判断其是否是正态分布(15分)	
	能分析1953年之后的人口年龄情况(15分)	
	能积极参与讨论(10分)	
活动3	能根据2010年人口普查几个城市年龄的平均数、众数、中位数,画出年龄分布图(10分)	
活动4	能根据北京、内蒙古、河南等城市2010年人口普查的年龄分布图,推测人口老龄化的程度(10分)	
	能在分析的基础上,对部分省市的人口政策提出合理建议(10分)	
	能积极参与讨论,有理有据地表述自己的想法(10分)	
总分(100分)		

(六)设计过程的收获及反思

本次教学从我国人口普查引入,结合学生身边的实际问题——人口老龄化,让学生感受学习内容与现实生活的紧密联系,有效激发了学生的学习兴趣。教学中,学生在理解集中趋势(特别是众数、中位数和平均数)时较为顺利,能够通过直方图计算这些统计量。在学习过程中学生对正态分布的认识也有了一定的了解,能够描述其特点并辨别数据分布的不同特征。在活动3和活动4中,学生表现出较高的兴趣,尤其是在画分布图和分析各省市人口老龄化问题时,能结合数据和实际问题进行思考。这些体现出学生对统计数据在现实生活中的应用有了较为深刻的理解。

在活动4中,学生能够借助直方图从不同的角度分析数据的集中趋势,从而对事件做出判断,并根据数据提出一些基础的政策建议;但有些学生的建议较为模糊,缺乏深度和具体性。由于教学内容较为丰富,涉及多个活动和讨论,课堂时间安排上略显紧张,尤其在小组讨论和成果展示时,部分小组没有充足的时间进行深入探讨。时间管理的不足影响了课堂效果的最大化。

总之，本节课能够有效地结合实际问题，通过统计学知识对人口老龄化问题进行分析，激发了学生的学习兴趣，提升了学生的思维能力。但在实施过程中，也暴露出了一些细节上的问题，尤其在对正态分布的理解和政策建议的转化等方面有待进一步改进。在后续的教学中，将继续优化设计，设计更加有逻辑的真实情境，引导学生在"做事"中更好地掌握统计学的核心概念，提升数学应用于现实问题的意识和能力。

(七)专家点评

在统计活动中，往往需要对若干统计数据进行分析，从而推断出样本数据的分布特征。本节课的学习目标之一为"理解众数、中位数的意义"，为了实现以上目标，在设置学习情境的时候，首先需要给出整体数据，让学生通过分析及运算得到相应的统计量；再对统计量进行比较，实现对整体分布特征的再认识。该教学设计的第一版之所以不能实现以上目标，是因为求职者很难掌握应聘公司全部的薪资结构，从而判断自己在公司的收入情况，因此，在案例修改环节，需要重点考虑什么样的情境可以获得数据整体的分布特征。通常，与社会生活相关的数据都会在相应网站上公开。因此，在专家的指导下，教师想到了借助国家统计局网站中关于全国人口普查中的相关数据，为学生营造真实的情境，让学生通过数形结合的方式认识众数、中位数等概念，并应用统计知识推断现实社会的人口老龄化情况。

教学中，该案例首先基于统计图表，帮助学生理解众数、中位数的读取方式，进而比较不同阶段我国社会的人口年龄分布特征，最后通过公开数据，引导学生尝试推断某些省市的人口年龄分布特征，并为缓解社会老龄化问题提出自己的建议。

教学实践之后可以发现，通过真实情境的引入，以及对真实数据的收集和处理，学生对统计知识的理解和应用能力有了显著提升。从最基础的直方图估算到画分布图和分析数据，最后结合现实问题预测趋势和提出政策建议，整个教学活动结构清晰，循序渐进，引导学生逐步掌握与思考。通过项目学习，学生不仅能够将理论知识与实际问题相结合，而且还很好地培养了数据收集、处理和分析能力。总体上看，该案例不仅充分体现了项目学习的特征，还体现了统计内容的学科本质，有效地发展了学生的统计素养。

第八章　教学改进对学生发展的影响

【本章提要】

本章主要阐述教学改进项目对学生的影响。在历时两年的教学改进项目中，项目组专家与核心教师共同努力，开展了项目学习教学实践，取得了丰硕的成果，有效地发展了学生的核心素养。本章将从整体上梳理学生参加项目学习的收获与效果，主要包括统计能力和建模能力两方面的发展。

一、学生统计能力的发展

(一)课例"关注人口老龄化"

目前，全世界老年人口已经达到 6 亿，有 60 多个国家进入了人口老龄化社会。我国也有许多城市老年人口比例达到或超过该市总人口的 10％。2022 年《政府工作报告》提出要积极应对人口老龄化。人口老龄化问题已上升为国家战略问题。在这一背景下，本案例引导学生综合运用相关知识，在现实情境中经历数据收集与整理的过程，促使学生关注现实生活中的热点问题，并尝试用统计的思想方法分析问题，为后续学习利用数据作出决策和判断奠定基础。

课例"关注人口老龄化"在 Z 市的两所样本校 S 校和 B 校开展。本课例的公开课由贾老师展示，展示年级为七年级，班级人数为 42 人。具体教学过程如下。

1. 授课过程

【任务 1：初识人口老龄化】

课前准备：教师在课前向学生提出问题"我国已进入人口老龄化阶段，你知道什么是人口老龄化吗？Z 市是否存在人口老龄化问题？老人们的生活存在哪些问题?"请学生查阅相关资料，准备课堂汇报。教师发放前置任务单，学生完成任务单。

【任务2：人口老龄化再认识】

课上：学生汇报收集到的人口老龄化资料，教师对学生汇报进行总结并提供人口老龄化图片，给出人口老龄化定义。教师播放我国人口老龄化相关视频，展示图表，学生感受我国人口老龄化的现状及趋势。教师观察学生反应，引导学生思考人口老龄化的可能原因。学生独立思考并回答。

师：有没有想过我国出现人口老龄化的原因是什么？

生1：20世纪70年代我国实行计划生育，新生儿比较少，所以现在的年轻人比较少，相比之下，当时的人口基数大，当时的大部分人现在已经步入老年了。

生2：对比以前，医疗水平提升了，很多病症得到救治，人类寿命延长了。

……

师：同学们提到了两点，一个是新生儿数量，一个是老年人数量，我们从图表中看一下具体情况。

教师出示中国近几年出生率和居民人均寿命变动情况图，学生结合图表发言，用数据解释人口老龄化的直接原因。教师提问：为解决这一问题，我国出台了什么政策？学生回答。

教师总结学生发言，进一步提问：这是全国的情况，那么Z市的人口老龄化情况怎么样？学生根据课前收集到的资料汇报。教师总结。

生1：上面是Z市人口的年龄构成，下面是2020年第七次人口普查的数据。从表中可以看出，Z市0～14岁的人口有2 400 787人，占Z市人口的19.05%，15～59岁的人口有8 582 395人，占Z市人口的68.11%，60岁以上的人口是1 617 392人，占比12.84%，其中65岁以上的人口是1 130 977人，占比8.97%。对比第六次人口普查（2010年）的结果——0～14岁的人口占比是16.00%，15～59岁的人口占比73.33%，60岁以上的人口占比10.67%，65岁以上的人口占比7.13%，0～14岁的人口增加了3.05%，15～59岁的人口减少了5.22%，60岁以上的人口增加了2.17%，65岁以上的人口增加了1.84%。

师：好，说得非常详细，我们今天讨论的是人口老龄化问题，那我们最需要关注的是哪组数值?

生1:60岁以上的人口。

……

生2:我收集到的是Z市全市及各个区不同年龄段的人口所占比重,我们先看全市,因为我们这节课主要讲的是人口老龄化,所以我们先看60岁以上的人口,全市占比12.84%,根据人口老龄化的定义,超过10%就是人口老龄化,所以Z市已经进入了人口老龄化阶段。我们再对比各区的人口老龄化情况,从数据上发现,G区60岁及以上的人口占比相对较高,可见,G区是Z市人口老龄化程度最严重的地区。而D区的占比是最小的,是7.62%,根据这个数据可以看出,D区还没有进入人口老龄化阶段。再看我们生活的X区,60岁及以上的人口占比8.12%,X区也没有进入人口老龄化阶段。再看X区0~14岁的人口比例,是17.97%,比全市要少一点,但是X区15~59岁人口占比73.91%,是比全市高的,所以X区的人口老龄化问题不算严重,但是15~59岁中的较高龄人群即将进入60岁以上的阶段,所以X区以后有可能会步入人口老龄化行列,我画了一个X区的人口统计扇形图,可以让大家更清楚地看到X区的情况。

师:如果能在扇形统计图下写上图名,会让大家更直观地知道表达的内容。好,这位同学不仅看了全市的人口构成,还看了各区的情况,还对X区的情况进行了预期,非常好。

教师总结:Z市已进入人口老龄化阶段,老年人的生活应该被关注和重视。请学生分小组讨论:人口老龄化社会下需要关注老年人生活的哪些问题?

学生对问题展开讨论并汇报,教师进行板书,记录学生发言,引导学生对问题进行归类。

师:好,从同学们的资料收集中发现,Z市已经进入了人口老龄化阶段。我们知道,人口老龄化会带来一系列社会问题,需要协同多方力量制定相应对策去解决。我们能直接做的就是关注身边的老年人,那么,需要关注老年人生活的哪些问题呢?

生1:身体健康,医疗费。

生2：是否有陪伴。

生3：子女照顾老人的情况。

生4：老年人的收入来源，消费问题，物质生活保障。

……

师：同学们说得非常好，总结来看，有健康、医疗、经济等。

【任务3：确定调查主题和方案】

学生以小组为单位，确定要研究的问题类型，设计调查方案。小组展示本组初步成果，教师和其他小组成员提出修订建议，每个小组由此确定调查主题和方案（图8-1）。

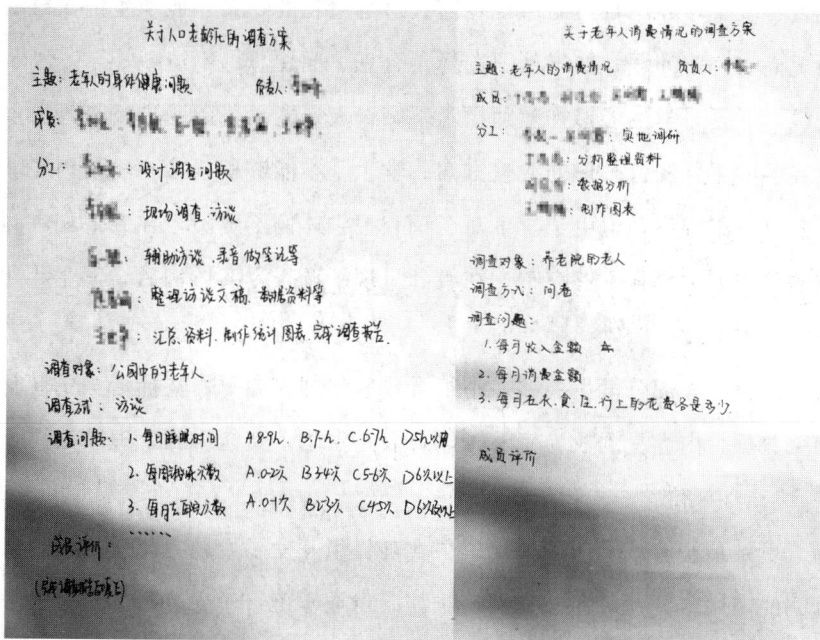

图8-1 "关注人口老龄化"学生阶段性成果（调查方案）示例

【任务4：完成调查报告】

学生回到社区，根据小组调查主题和分工，对社区内居民开展调查。小组合作，对收集到的数据进行整理、分析，以图表形式呈现，完成调查报告。

【任务 5：研究成果展示】

小组展示、汇报本组调查报告，学生和教师共同利用评价清单进行评价，教师总结。

2．教学效果评价

(1)过程性评价

结合本案例设计中的几个关键点，依据学生过程性表现评价清单，授课教师对学生进行的过程性评价如下。

本项目的关键点 1 是，学生能够自主进行资料、数据收集，借助前置任务单，完成对人口老龄化的初步认识和 Z 市人口老龄化现状的调查。大部分学生能够完成资料收集，并用自己的语言表述人口老龄化的定义。但学生前置任务单的完成情况尚有一定问题，如统计图选择不合理、问题总结不清晰等。

关键点 2 是，学生能够在教师提示下，对人口老龄化问题进行合理归类，并选择感兴趣的主题制订合理的调查方案。学生基本能够积极参与小组讨论，协作分工，制订小组方案，但由于学生对于调查报告体例不熟悉，导致他们在讨论初期形成的调查方案要素不够完整。在教师呈现了调查方案体例后，学生小组能够较好地完成方案设计。

整体而言，大部分学生能够在小组合作和教师引导下，选择恰当的统计图表呈现相关数据，内容呈现较为完整，语言表达清晰，并能得到合理结论。

(2)终结性评价

为了更好地检验该案例的教学效果，项目组开发了主题为"理解统计图表"的前、后测的测试工具，并在该案例实施前后对取样班级学生进行测试，以获得取样班级对相关知识的掌握情况。通过对取样班级学生前、后测数据进行整体对比分析，评价项目学习在相关数学知识技能获取方面的实践效果。

前、后测中的测试工具均关于"理解统计图表"，由项目组开发，或选自教材中的成熟试题。由于取样班级参加前测和后测的学生不完全一致，故剔除了仅有前测数据或仅有后测数据的学生，保留了 27 位学生成绩。表 8-1 为取样班级学生的前、后测成绩。

表 8-1　"关注人口老龄化"前、后测学生成绩

组别	人数	得分	t 值
前测	27	14.4	-5.144***
后测	27	16.3	

注：* 代表 $p < 0.05$，** 代表 $p < 0.01$，*** 代表 $p < 0.001$。下同。

结果表明，接受项目学习的班级在后测时较前测有明显提升，配对样本 t 检验的 $p < 0.001$，说明学生在项目学习前后，其统计图表相关知识的掌握水平具有显著差异。

【前测典型试题分析】某校八年级共有 8 个班，241 名同学，历史老师为了了解新中考模式下该校八年级学生选修历史学科的意向，请小红、小亮、小军三位同学分别进行抽样调查。三位同学调查结果反馈如下。

历史课选修意向调查结果	历史课选修意向调查结果	历史课选修意向调查结果
调查人：　小红	调查人：　小亮	调查人：　小军
调查对象：　八（2）班全体同学	调查对象：　八年级各班历史课代表	调查对象：　八年级各班学号为3的倍数的同学
调查时间：　2017年4月12日	调查时间：　2017年4月12日	调查时间：　2017年4月12日
调查人数：　30　人	调查人数：　8　人	调查人数：　80　人
有意向选择历史共计　9　人	有意向选择历史共计　7　人	有意向选择历史共计　20　人
无意向选择历史共计　21　人	无意向选择历史共计　1　人	无意向选择历史共计　60　人

小红、小亮和小军三人中，你认为哪位同学的调查结果较好地反映了该校八年级同学选修历史的意向，请说出理由。

【题目分析】本题考查的是学生能否在现实情境中选取适当的抽样方法完成数据收集与呈现，以及学生对抽样调查方法的认识。学生需要在这一问题情境中，考虑到抽样方法、抽样范围、样本数量等诸多因素，并据此作评价。

【得分率】63.0%。

【学生作答】几乎没有学生选择小亮，说明大部分学生在进行数据收集时，除考虑样本量大小外，还能考虑样本选择要有代表性，不能从"特殊群体"中选择。而有一部分学生选择了小红，并认为"小军的调查不全面，因为他只选取了学号为 3 的倍数的同学"，这说明学生并没有真正理解随机抽样中随机的意义。大部

分学生选择了小军，但往往仅从抽样人数这一个维度说明理由，说明学生对于抽样调查的认识并不全面，不能在真实情境中综合考虑多方面因素完成数据的收集与呈现。

【后测典型试题分析】调查作业：了解你所住小区家庭 5 月份用气量情况。

小天、小东和小芸三位同学住在同一小区，该小区共有 300 户家庭，每户家庭人数在 2～5，这 300 户家庭的平均人数均为 3.4。

小天、小东、小芸各自对该小区家庭 5 月份用气量情况进行了抽样调查，并将收集的数据进行了整理，绘制的统计表分别为表 8-2、表 8-3 和表 8-4。

表 8-2　抽样调查小区 4 户家庭 5 月份用气量统计表　　　　单位：m³

家庭人数	2	3	4	5
用气量	14	19	21	26

表 8-3　抽样调查小区 15 户家庭 5 月份用气量统计表　　　　单位：m³

家庭人数	2	2	2	3	3	3	3	3	3	3	3	3	3	3	4
用气量	10	11	15	13	14	15	15	17	17	18	18	18	18	20	22

表 8-4　抽样调查小区 15 户家庭 5 月份用气量统计表　　　　单位：m³

家庭人数	2	2	3	3	3	3	3	3	4	4	4	4	4	5	5
用气量	10	12	13	14	17	17	18	19	20	20	22	26	31	28	31

根据以上材料回答问题：

小天、小东和小芸三人中，哪一位同学抽样调查的数据能较好地反映出该小区家庭 5 月份用气量情况，并简要说明其他两位同学抽样调查的不足之处。

【题目分析】本题重点考查的是学生能否在现实情境中完成数据收集与呈现。学生需要在这一问题情境中，考虑样本选择的数量、类型、分布等诸多因素，并据此作评价。

【得分率】80.0%。

【学生作答】大部分学生选择了小芸同学，并能合理解释另外两位同学调查的不足之处。但是在解释小东同学调查的不足之处时，往往只能从"缺少 5 人家庭数据"或"3人家庭数量过多"中的某一个方面解释,这说明学生在现实情境中综合运用所学知识处理统计问题的能力仍有待提升。

(3)观摩教师评价

在教学结束后,对观摩教学的数学教师发放了评课问卷,从学习状态、必备知识、能力素养、情感体验、活动组织、目标达成、亮点与建议等七个维度对"关注人口老龄化"案例进行评价。前六个维度满分10分,亮点与建议为开放题,不赋分。图8-2是前六个维度的评分结果。

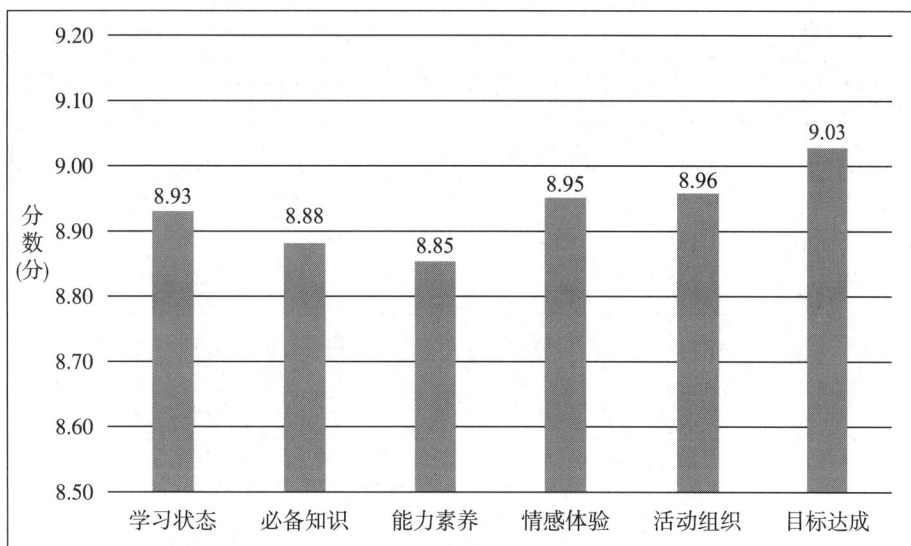

图8-2 "关注人口老龄化"评课问卷前六个维度的得分情况

"关注人口老龄化"评课问卷的作答人数是146人,平均得分为8.91分。从图8-2可以看出,得分最高的维度是目标达成,为9.03分,说明学习任务的开展很好地促进了预设学习目标的达成。而学习状态、情感体验、活动组织三个维度得分较高,分别为8.93分、8.95分、8.96分,说明评课教师认为学生在项目学习中状态良好,积极投入,课堂氛围融洽,师生、生生充分互动,教学进程安排合理。得分相对较低的维度是能力素养,为8.85分,说明本项目在发展学生探究和实践能力、增强学生数据分析观念方面的设计还有待提升。

对"本课亮点"一题的作答情况进行词频分析(图8-3)和数据可视化(图8-4),

可以发现，"学生"和"参与"两个词出现频率较高，分别出现 93 次和 26 次，其次是课堂、问题和社会。结合具体作答文本可知，本课第一个亮点是，突出了学生是学习的主体，学生课堂参与度高；第二个亮点是，引导学生关注社会问题，从数学的角度更为深刻地审视社会问题，产生思考，有效培养了学生的社会责任感，体会数学在社会中的价值。

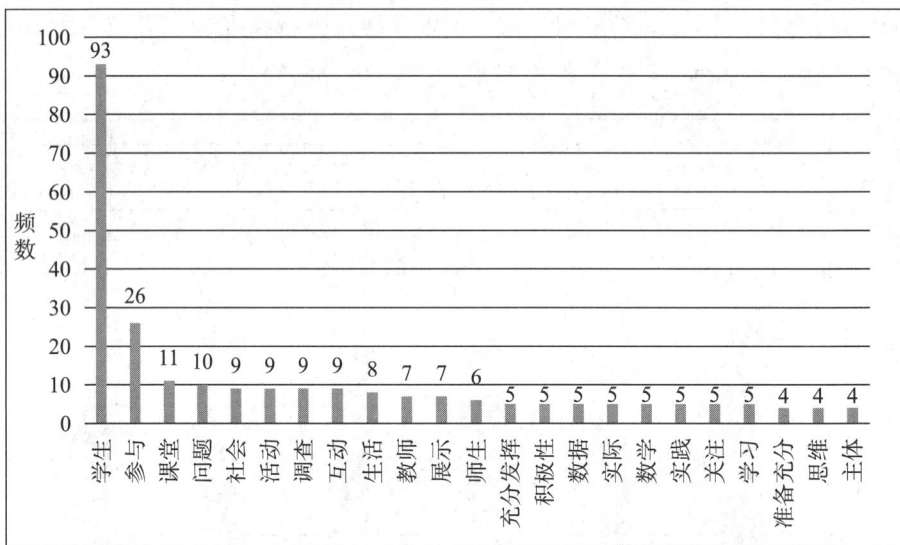

图 8-3 "关注人口老龄化"课堂亮点词频图

图 8-4 "关注人口老龄化"课堂亮点词云图

（二）课例"帮我买手机"

随着网络时代的兴起，人们的生活已经被手机以及手机上的各类应用程序改变。手机上各类生活必备软件为消费者提供了越来越多的选择，对这些商品及服务的信息进行有效分辨可以帮助消费者做出最适合自己的选择。本案例试图利用统计知识帮助消费者综合评选出一台最适合自己的手机。本案例贴近学生个人生活，引导学生从多角度认识统计量并据此作决策，让学生通过制订个性化的手机选购方案，经历数据分析的全过程，感受数据在现实世界中的价值，提高统计素养。

"帮我买手机"项目学习的授课教师为李老师，教龄2年，所教年级为八年级，实验班班级人数为56人。从该校八年级中随机抽取一个学业水平相当的班作为对照班，对照班班级人数为55人（表8-5）。

表 8-5　"帮我买手机"样本信息

组别	年级	人数	授课方式
实验班	八年级	56 人	项目学习
对照班	八年级	55 人	传统教学

1. 授课过程

教师提出问题：老师的手机坏了，想要购买一个新手机，请同学们提出买手机需要考虑的因素。学生提到"外观、拍摄、续航、价格等"。

教师总结并指出，只有在一定价格区间内比较手机才是有意义的。

教师展示了多款手机图片，请学生小组讨论，选出推荐的手机。

【任务1：帮教师选择手机】

问题1：结合大众评分，请学生为教师推荐手机。回忆平均数的意义，感受样本量的重要性。

师：这些手机中，你们推荐我买哪一款？为什么？

生：9.6分的那个。

师：为什么？这个9.6分是什么？

生：用户评价。

师：具体是怎么得到的呢？

生：用户打分的平均值。

教师展示平均数的计算公式。

师：评价分数越高是否代表这个手机越好呢？通过阅读材料二的新增信息，你想到了什么？

学生阅读材料二并回答。

生：点评人数。

教师举例：如果你想看一场电影，有一个人告诉你电影不好看，你不要去了，你就不去看了吗？

生：不是，要多问几个人。

教师设问并总结，当我们利用平均数作决策时，还需要知道参与调查的人数，调查评分人数越多，结果相对越可靠。

师：那么根据收集到的信息，同学们推荐老师买哪款手机呢？

学生结合材料二，分小组讨论推荐的手机，并汇报小组讨论结果。

问题2：结合专家打分，请学生为教师推荐手机。引入专家对手机各维度的打分，帮助学生进一步理解平均数的意义。

师：综合以上信息，同学们对于购买手机有了很多推荐。请大家想一想，现在的评价方式还存在哪些问题？

生：网络水军。

师：如果想了解中国载人航天飞船的性能，你会问谁？问同学吗？问我吗？

生：不会，您也不是专业的，并不懂。

教师播放测评视频并提供阅读材料三，某测评网站邀请多位专家给出五个维度（性价比、性能、续航、外观、拍照）的评分，将每个维度的平均值作为该维度的综合得分。

教师以某款手机的专家评分为例，带领学生共同计算其综合得分。

教师让学生求出材料二中所有手机的综合得分。

师：结合专家打分，你们小组推荐哪款手机？

生：第四款。

问题 3：结合教师需求，请学生为教师推荐手机。让学生理解不同需求下有不同的赋权，利用统计方法解决实际问题的时候，要考虑现实需求。

师：如果你外公也想买手机，你还会推荐这款吗？还有什么原因可能导致我们选择的不同？

生：给外公推荐老年机。

师：在选手机时还会依据自己的目的和喜好进行选择。比如，有的人在意性能配置，有的人在意外观、续航……

教师引出加权平均数的概念，板书加权平均数的概念及求法。

师：我比较看重手机的性价比和拍照，给这两个维度赋权重为 1，其余维度为 1，你会从前面选出的四款手机中，为我推荐哪一款？

学生分别计算四款手机的加权平均数。

教师巡视各组计算情况。（从中排除一款超出预算的手机。）

请三位学生在黑板上计算另外三款手机的加权平均数。

教师带领大家一起检查黑板上学生的计算。

大家统一推荐第四款手机。

【任务 2：为自己选手机】

师：请每个小组结合自己"买手机的需求"，为上面五个维度赋予不同的权重，挑选自己心仪的手机，并形成报告展示分享。

教师展示自己设计的成果评价清单，请学生一起修订评价清单。

在教师的引导下，学生以小组为单位，制订本组权重计划，对各手机进行评价。

【任务 3：学生作品展示】

每个小组结合自己"买手机的需求"，为手机测评的五个维度赋予不同的权重，从而挑选出自己心仪的手机，并形成报告展示分享。

2. 教学效果评价

(1)过程性评价

结合本案例设计中的几个关键点，依据学生过程性表现评价清单，授课教师对学生进行的过程性评价如下。

在引入阶段，买手机的背景对学生而言比较熟悉，学生也都很有兴趣，能够积极参与讨论。这一阶段的关键点在于，学生要能够意识到，预算是选择手机的前提，是作出决策的首要依据。大部分学生都能想到这一因素，个别学生在其他同学提出之后才恍然大悟。这说明大部分学生在将熟悉的生活经验转化为实际问题的解决时表现较好，个别同学需要一定提示。

在活动阶段，关键点1在于，学生要能结合平均数的概念，认识到统计调查的信度与参与调查的人数有关，即认识到样本容量的重要性。大部分学生在教师给出相关提示的情况下，能够根据样本容量对决策做出调整。关键点2在于，学生要认识到大众点评的局限性，大部分学生能够想到"网络水军"等影响大众点评信度的因素。关键点3在于，学生要将需求主导的个性购买行为联系到加权平均数的概念，根据不同需求对各维度赋予不同权重，正确计算出加权平均数并作出决策。大部分学生能意识到购买行为的个性化，但有部分学生在将个性化抽象为赋权时存在一定困难，但在教师给出提示后，学生能够较好理解公式中字母的含义，并以多种形式赋权。但有些学生在权不是整数时存在理解障碍，难以正确列出加权平均数的计算公式。

在整个合作探究过程中，小组基本能较好合作，合理分工，组内互相帮助，对不同观点积极思考和讨论，推进任务顺利进行。

(2)终结性评价

为了更好地检验该案例的教学效果，项目组开发了主题为"理解统计图表"的前、后测的测试工具，在该案例实施前后对实验班与对照班的学生进行测试。通过对两个班学生前、后测数据进行整体对比分析，评价项目学习在"平均数"相关知识技能获取方面的实践效果。

为了检验项目学习案例的教学效果，项目组对实验班和对照班进行了前测和后测。两个班的基本情况如表8-6所示。

表8-6 "帮我买手机"实验班和对照班基本信息

	人数	前测人数	后测人数
实验班	56	54	56
对照班	55	51	53

前、后测中的测试工具均关于"平均数"，由项目组开发，或选自教材中的成熟试题。利用独立样本 t 检验对实验班和对照班的前、后测成绩进行比较，利用配对样本 t 检验对实验班前、后测成绩进行比较。由于参加前测和后测的学生不完全一致，故剔除了仅有前测数据或仅有后测数据的学生，实验班保留了52位学生成绩，对照班保留了49位学生成绩。分析结果如表8-7、表8-8所示。

表8-7 "帮我买手机"前、后测学生成绩

组别	人数	前测均值	后测均值	t 值
实验班	52	15.7	17.3	-3.795^{***}
对照班	49	16.6	17.6	-2.453^{*}

结果表明，实验班和对照班在后测时得分均值均较前测时有所提升。两组学生前、后测得分配对样本 t 检验的 p 值均小于0.05，说明前、后测差异具有统计学意义上的显著性。

表8-8 "帮我买手机"实验班与对照班对比分析

		均值差	t 检验
实验班前测	对照班前测	-0.9	-2.011^{*}
实验班后测	对照班后测	-0.3	-0.628

结果表明，实验班与对照班前测有显著差异，对照班得分略高于实验班。实验班与对照班后测无显著差异。

【前测典型试题分析】一家公司打算招聘一名英语翻译，甲的听、说、读、写成绩分别是84、78、60、75；乙的听、说、读、写成绩分别是85、82、72、58，如果这家公司想招一名口译能力较强的翻译，从他们的成绩看，应该录取谁？

【题目分析】学生在小学时已经学习过"平均数"这一概念及其运算,与平均数的概念相比,加权平均数侧重从多角度对对象进行评价。本题考查的是学生对于加权平均数这一概念是否具有初步的理解;能否根据问题情境的变化,灵活地解决问题。

【得分率】实验班:48.6%;对照班:60.2%。

【学生作答】在本题中,大部分学生对加权平均数的概念已有初步理解,但也出现了许多问题。例如,学生虽能结合"口译能力强"这一需求,从"听、说"角度对甲、乙做评价,但忽视了对二者英语综合水平的判断。还有少部分学生对"平均数"的认识仅停留在公式记忆阶段,不能充分理解平均数在现实情境中的意义,仅能从单一维度,利用平均数公式完成平均数的计算。这一题目反映了学生在面对现实情境中的统计问题时,无法做到先整体分析,再根据需求进行多维度分析,因此无法体会统计评价的全过程。例如,从图 8-5 的学生作答能够看出,第一位同学仅仅考虑了"口译能力较强"这一要求,却忽视了比较的前提是甲、乙二人英语综合水平相当;第二位同学仅考虑了甲、乙的英语综合水平,也会利用公式进行平均数的运算,但无法从多维度理解平均数的意义。

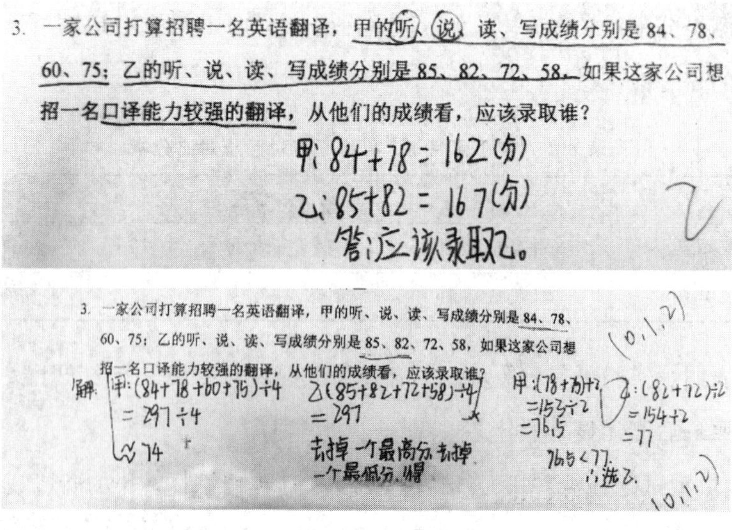

图 8-5　前测题目学生典型作答

【后测典型试题分析】小张在网络平台点餐，发现 A 餐厅的评分为 4.8 分，B 餐厅的评分为 4.6 分，为了尽可能挑出就餐效果较好的餐厅，还要在网络平台上获得哪些信息数据？

【题目分析】本题作为后测题目，开放性更强，主要考查学生在学习完"平均数""加权平均数"的概念之后，能否利用相关知识解决现实情境中的问题。需要学生从多层次、多维度完成数据分析的全过程。

【得分率】实验班：74.5%；对照班：62.8%。

【学生作答】对于真实情境中的开放性题目，实验班学生的作答表现显著优于对照班。实验班学生在面对此类问题时，有更多学生能够综合运用所学知识，对问题情境进行分析，并能够从参与评分的样本量、综合评分维度、专业性等多方面评价。而对照班学生虽然具备了相关知识，但在面对此类问题时，仍然有较多学生不能很好地综合所学知识去解决现实问题，对统计相关问题的评价仍然停留在单一维度或经验层面。如图 8-6 实验班学生典型作答所示，学生已经意识到参与评分的人数、评分的多个维度对餐厅选择的影响。如图 8-7 对照班学生作答所示，尽管学生能考虑到对餐厅的多维度评价，但没有考虑到样本量对于评分信度的重要性。

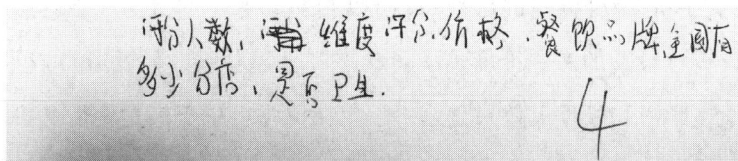

图 8-6 后测题目实验班学生典型作答

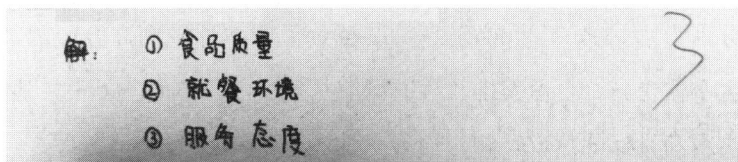

图 8-7 后测题目对照班学生典型作答

(3)观摩教师评价

在教学结束后，对观摩教学的数学教师发放了评课问卷，从学习状态、必备知识、能力素养、情感体验、活动组织、目标达成、亮点与建议等七个维度对"帮我买手机"案例进行评价。前六个维度满分 10 分，亮点与建议为开放题，不赋分。图 8-8 是前六个维度的评分结果。

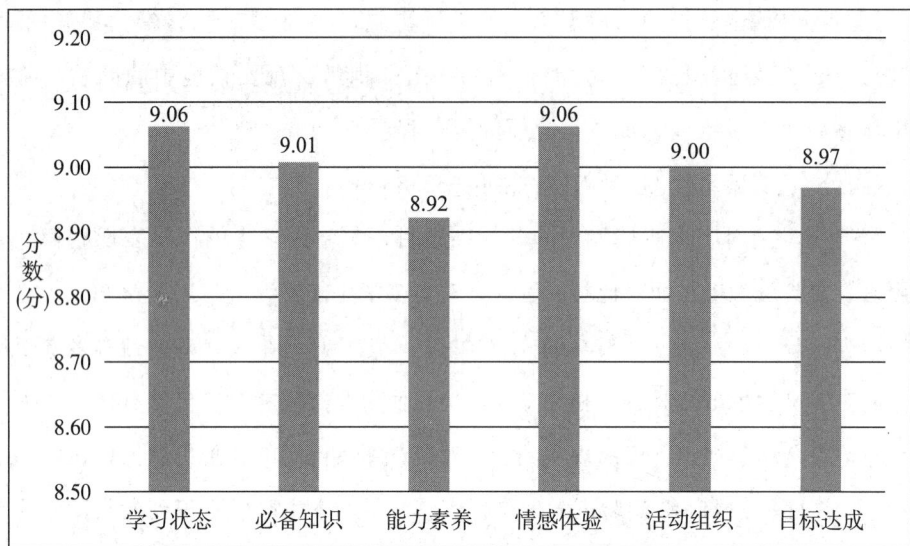

图 8-8 "帮我买手机"评课问卷前六个维度的得分情况

"帮我买手机"评课问卷的作答人数是 130 人，平均得分为 9.00 分。从图 8-8 可以看出，得分最高的两个维度是学习状态和情感体验，均为 9.06 分，说明本课在调动学生学习积极性上效果显著。学生在课堂上乐于表达，能从多角度思考问题，经历学习、探究的过程，能克服困难，获得成功等积极体验，有利于增强对后续学习的信心。同时，必备知识、活动组织、目标达成等维度也得到了较高的分数，分别为 9.01 分、9.00 分、8.97 分，说明本课教师高效组织学习活动，能兼顾学生个体差异，合理安排教学进程，并且学习任务的开展很好地促进了必备知识的学习和目标的达成。相对而言，能力素养维度得分稍低，这与课例"关注人口老龄化"问卷结果一致，但比其能力素养维度得分略高。这说明在项目任务设计时，兼顾学习活动的知识性与能力素养培养，让学生在经历合作探究、数据分析的过程中，提高问题解决能力、数据分析素养等，仍然值得进一步思考。

对"本课亮点"一题的作答情况进行词频分析(图 8-9)和数据可视化(图 8-10)，

可以发现，除了"学生"之外，"参与""生活""问题""情境"等词出现频率较高。结合具体作答文本可知，评课教师普遍认为，本课最大的亮点是，贴合学生生活，学生课堂参与度高，本课的设计有助于学生从生活中发现数学价值，培养了学生利用所学知识解决实际问题的能力。

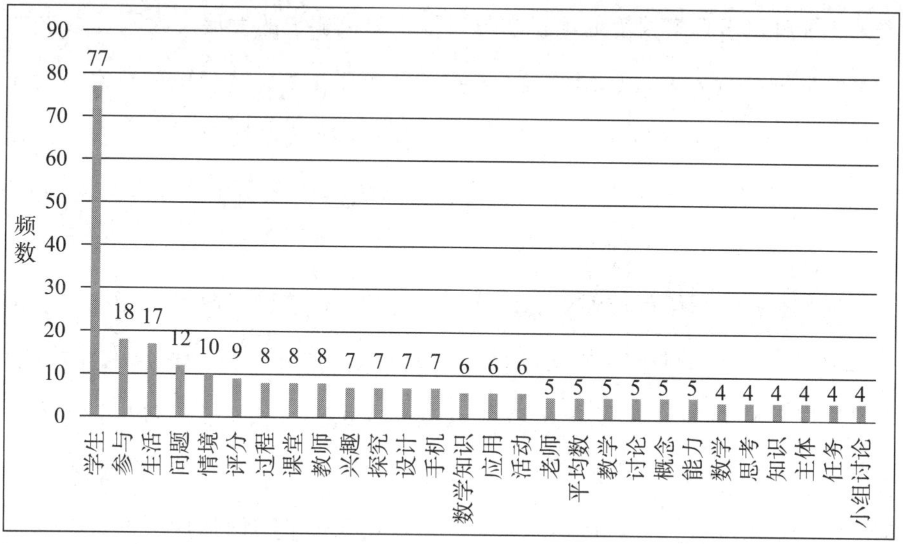

图 8-9 "帮我买手机"课堂亮点词频图

图 8-10 "帮我买手机"课堂亮点词云图

在建议部分，教师作答较为分散，去除"无"和"非常好"等无效作答之后，评课教师对本课的建议主要有以下两点：①教师应放缓教学节奏，对于重难点问题，给予学生更多时间思考，倾听学生回答，对学生的不同回答给出更加多样的评价；②增加学生作品展示环节。

二、学生建模能力的发展

为了了解基于真实情境的项目学习对学生建模能力的发展，除了选取参加项目学习教学研究的 Z 市 G 区的 B 校、S 校八年级学生外，项目组还选取了同样来自 Z 市 G 区，但没有参加项目学习教学研究的 A 校八年级学生参加学生建模能力测试。A 校、B 校与 S 校总计 1 304 名八年级学生参加了本次学生建模能力测试。

在三个学校的学生完成测试后，项目组对学生作答进行收集、评标，以及数据录入工作，在此基础上对数据库进行有效数据的筛选以及无效数据的清除工作，最终得到完整的八年级学生数学建模试题作答数据库，其中有效被试共 1 222 个。接着，项目组利用 SPSS、ConQuest 等软件工具对八年级学生数学建模试题作答数据进行分析，得到八年级学生数学建模能力的估计值以及不同维度下学生数学建模能力的表现情况。数据分析是在项目反应理论模型的基础上进行的，需要利用 ConQuest 软件对学生的能力值进行分析，而由 ConQuest 软件得到的能力值的范围在－3 到＋3 之间，并以小数的方式呈现。为了对数据进行直观化的呈现，需要对学生的成绩依据其能力值进行预处理——将学生的成绩转化为均值为 500，标准差为 100 的量尺下的分数，同时将学生在各个维度的成绩转化为均值为 300，标准差为 100 的量尺下的分数，在此基础上进行进一步的数据处理与分析。本节将从八年级学生数学建模能力测试总体表现以及不同维度下八年级学生数学建模能力的表现情况展开论述。

(一)八年级学生数学建模能力测试总体表现

1. 不同水平学生数学建模能力的总体表现

项目组首先对学生在数学建模能力测试中所得总分进行降序排序，分别将所得总分的前 27％、中间 46％和后 27％划分为水平一、水平二和水平三。接着利用 SPSS 进行数据分析，得出不同水平学生数学建模能力总体表现情况的数据，并将其整理为不同水平学生数学建模能力得分的描述统计表（表 8-9）和不同水平学生数学建模能力总体表现图（图 8-11）。

表 8-9　不同水平学生数学建模能力得分的描述统计表

	总体	水平一	水平二	水平三
平均得分	499.909 2	562.176 3	499.370 9	438.559 5
标准差	49.491 36	21.469 29	17.804 28	20.589 16
人数	1 222	330	562	330

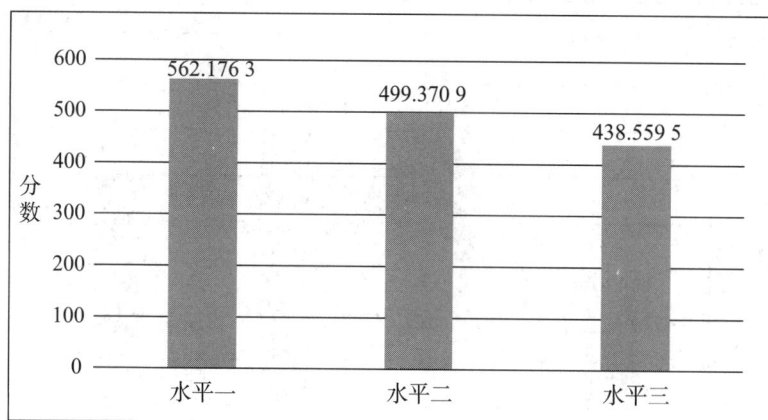

图 8-11　不同水平学生数学建模能力总体表现图

从表 8-9 可以看出，水平一学生的平均得分明显高于总体的平均得分，相差 62.267 1。水平二学生的平均得分和总体的平均得分接近，略低于总体的平均得分，相差 0.538 3。水平三学生的平均得分明显低于总体的平均得分，相差 61.349 7。同时，水平一学生的平均得分和水平二学生的平均得分相差 62.805 4，略多于水平二学生的平均得分和水平三学生的平均得分之差，后者相差 60.811 4。水平一和水平三的标准差相差不多，且都高于水平二的标准差，说明处于水平二的学生的数学建模能力表现离散程度较小。

2. 不同学校学生数学建模能力的总体表现

项目组利用 SPSS 进行数据分析，得出不同学校学生数学建模能力总体表现情况的数据，并将其整理为不同学校学生数学建模能力得分的描述统计表（表 8-10）

和不同学校学生数学建模能力总体表现图(图 8-12)。

表 8-10　不同学校学生数学建模能力得分的描述统计表

	Z 市	学校 A	学校 B	学校 C
平均得分	499.909 2	474.675 2	517.379 5	509.065 4
标准差	49.491 36	40.970 08	50.351 37	45.352 39
极大值	629.01	584.68	629.01	620.36
极小值	391.17	397.55	391.17	391.17
人数	1 222	431	437	354

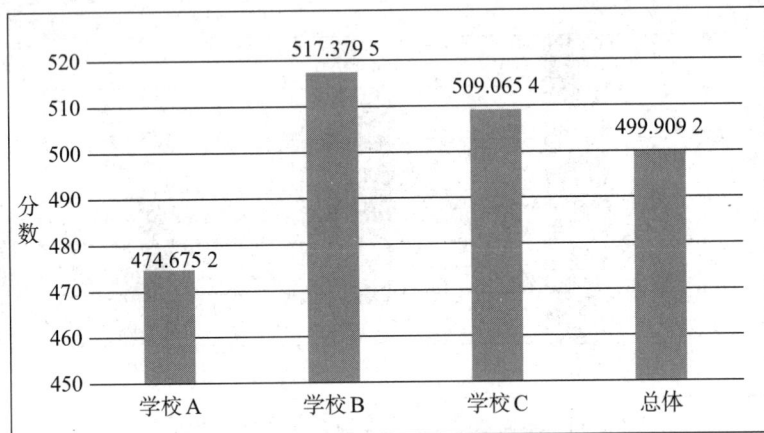

图 8-12　不同学校学生数学建模能力总体表现图

从表 8-10 可以看出,学校 B 和学校 C 的平均得分高于总体的平均得分,学校 A 的平均得分低于总体的平均得分。学校 B 的标准差高于总体的标准差,学校 A 和学校 C 的标准差低于总体的标准差。三所学校的极小值,学校 B 和学校 C 的极大值相差不大,而学校 A 的极大值与其他两所学校具有明显的差距。结合以上信息可以发现,不同学校学生数学建模能力的总体表现之间具有差异性。

(二)内容维度表现情况

1. 不同水平学生在数学建模能力内容维度上的表现情况

项目组利用 SPSS 进行数据分析,得出不同水平学生数学建模能力内容维度表现情况的数据，并将其整理为不同水平学生数学建模能力内容维度得分的描述统计表（表 8-11）和不同水平学生数学建模能力内容维度表现图（图 8-13）。

表 8-11 不同水平学生数学建模能力内容维度得分的描述统计表

水平	人数		数与代数	图形与几何	统计与概率
水平一	330	平均得分	335.400 5	359.780 4	359.307
		标准差	15.145 14	36.477 04	25.712 09
水平二	562	平均得分	306.146 4	304.778 3	292.142 9
		标准差	27.378 2	39.572 49	34.383 03
水平三	330	平均得分	253.883	232.667 8	255.584 1
		标准差	27.643 71	41.039 3	22.986 71

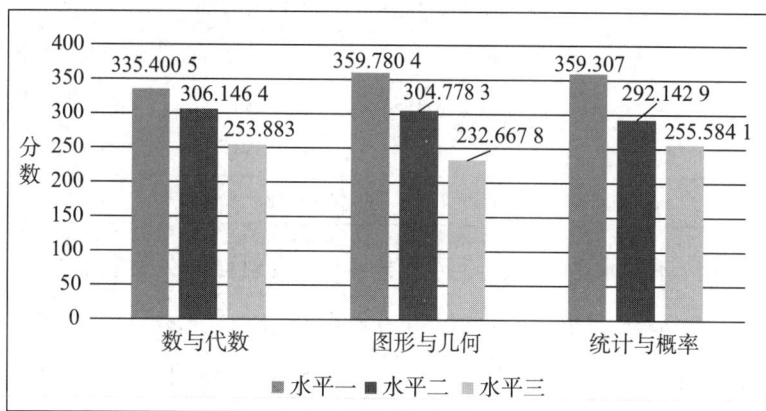

图 8-13 不同水平学生数学建模能力内容维度表现图

从中可以看出，三个水平的学生数学建模能力在内容维度上的每个子维度上的表现情况呈现出一个按水平高低逐渐递减的趋势。还可以看出，不同水平学生在数与代数维度上的平均得分差异最小，在统计与概率维度上的平均得分差异居中，在图形与几何维度上的平均得分差异最大。上述情况说明：不同水平的学生对内容维度中数与代数子维度的数学建模都较为熟悉，对统计与概率子维度的数学建模都较为不熟悉，而对图形与几何子维度上的数学建模，不同水平学生之间差异较大。由以上分析可以发现不同水平学生数学建模能力内容维度表现之间具有差异性。

为了进一步探究不同水平学生在数与代数、图形与几何以及统计与概率三个内容维度子维度的数学建模能力上的差异是否显著，项目组利用 SPSS 中的单因素方差分析来比较不同水平学生在内容维度三个子维度上的数学建模表现，方差齐性检验结果 p 均小于 0.05，这表明方差不齐性，不能使用单因素方差分析法，因而进一步用 Dunnett 方法对不同水平学生在内容维度上的具体表现进行两两比较，结果如表 8-12 所示。

表 8-12　Dunnett T3 多重比较

水平	水平	数与代数 维度均值差	图形与几何 维度均值差	统计与概率 维度均值差
水平一	水平二	29.254 07*	55.002 11*	67.164 15*
	水平三	81.517 46*	127.112 58*	103.722 90*
水平二	水平一	−29.254 07*	−55.002 11*	−67.164 15*
	水平三	52.263 39*	72.110 47*	36.558 76*
水平三	水平一	−81.517 46*	−127.112 58*	−103.722 90*
	水平二	−52.263 39*	−72.110 47*	−36.558 76*

可以看出，不同水平学生在不同子维度上的表现均存在显著性差异，水平一的学生表现优于水平二的学生，均值差在 29.25 到 67.16 之间，水平二的学生表现优于水平三的学生，均值差在 36.56 到 72.11 之间。从上述结果可以看出，不同水平学生在内容维度下的各子维度两两之间的数学建模能力表现上均存在显著性差异。

2. 不同学校学生在数学建模能力内容维度上的表现情况

项目组通过 SPSS 进行数据分析，得出不同学校学生数学建模能力内容维度表现情况的数据，并将其整理为不同学校学生数学建模能力内容维度得分的描述统计表(表 8-13)和不同学校学生数学建模能力内容维度表现图(图 8-14)。

表 8-13　不同学校学生数学建模能力内容维度得分的描述统计表

学校	人数		数与代数	图形与几何	统计与概率
学校 A	431	平均得分	286.581 3	267.295 2	280.377 3
		标准差	37.420 92	58.134 54	41.157 77
学校 B	437	平均得分	308.548 7	323.121 9	313.299 1
		标准差	37.285 69	58.620 9	50.456 9
学校 C	354	平均得分	305.552 3	311.821 4	308.881 4
		标准差	39.661 2	49.445 05	47.348 87

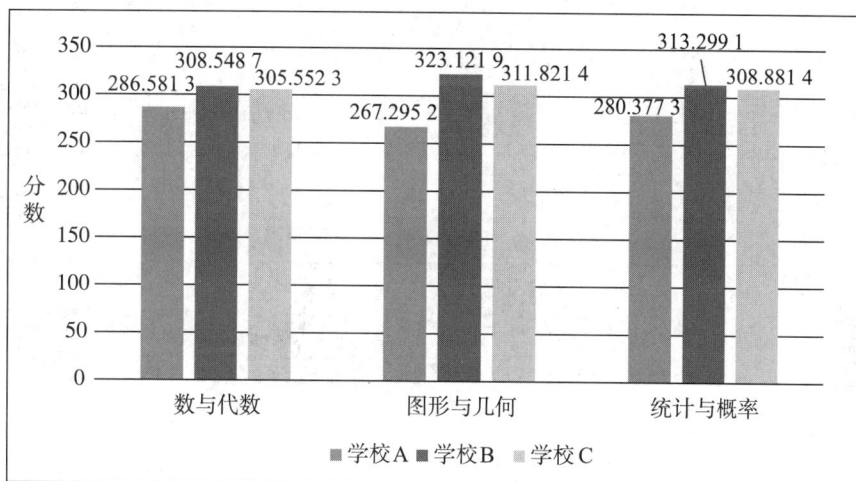

图 8-14　不同学校学生数学建模能力内容维度表现图

　　从中可以看出，三所学校学生数学建模能力在内容维度上的三个子维度上表现情况均为：学校 B 的平均得分高于学校 C 的平均得分，学校 C 的平均得分又高于学校 A 的平均得分。还可以看出，不同学校在数与代数维度上的平均得分差异最小，在统计与概率维度上的平均得分差异居中，在图形与几何维度上的平均得分差异最大。上述情况说明不同学校的学生对内容维度中数与代数子维度的数学建模都较为熟悉，其原因在于三所学校在日常学习生活中都对学生在数与代数子维度的数学建模过程进行了相关教学，因此不同学校的学生对数与代数子维度的数学建模都有一定的经验，从而差异最小。结合之前对不同水平学生数学建模能力总体表现情况的分析，三所学校的学生对于统计与概率子维度的数学建模都较为不熟悉，故而平均得分差异居中。而不同学校的学生对于图形与几何子维度的数学建模表现情况差异最为突出，其原因在于三所学校的办学水平有所差异，对学生数学建模能力的培养有所不同。由以上分析可以发现不同学校学生数学建模能力内容维度表现之间具有差异性。

为了进一步探究不同学校学生在数与代数、图形与几何以及统计与概率三个内容维度子维度的数学建模能力上的差异是否显著，项目组利用 SPSS 中的单因素方差分析来比较不同学校学生内容维度三个子维度上的数学建模表现，方差齐性检验结果 p 均小于 0.05，这表明方差不齐性，不能使用单因素方差分析法，因而项目组进一步用 Dunnett 方法对不同学校学生在内容维度上的具体表现进行两两比较，结果如表 8-14 所示。

表 8-14　Dunnett T3 多重比较

学校	学校	数与代数维度均值差	图形与几何维度均值差	统计与概率维度均值差
学校 A	学校 B	$-21.967\,42^*$	$-55.826\,67^*$	$-32.921\,80^*$
	学校 C	$-18.971\,02^*$	$-44.526\,23^*$	$-28.504\,02^*$
学校 B	学校 A	$21.967\,42^*$	$55.826\,67^*$	$32.921\,80^*$
	学校 C	$2.996\,4$	$11.300\,44^*$	$4.417\,77$
学校 C	学校 A	$18.971\,02^*$	$44.526\,23^*$	$28.504\,02^*$
	学校 B	$-2.996\,4$	$-11.300\,44^*$	$-4.417\,77$

从表中可以看出，三所学校在图形与几何子维度上的表现具有显著性差异，学校 B 的表现明显好于学校 C 的表现，学校 C 的表现明显好于学校 A 的表现，均值差在 11.30 到 55.83 之间。三所学校在数与代数维度上的表现中学校 B 和学校 C 之间不存在显著性差异，而学校 A 与学校 B 以及学校 A 与学校 C 的表现之间存在显著性差异，学校 A 与学校 B、学校 C 的均值差分别为 -21.97、-18.97。同时，在统计与概率维度上的表现中，学校 B 和学校 C 之间不存在显

著性差异，而学校 A 与学校 B 以及学校 A 与学校 C 的表现之间存在显著性差异，学校 A 与学校 B、学校 C 的均值差分别为-32.92、-28.50，可以看出统计与概率维度上的均值差明显高于数与代数维度上的均值差。从上述结果可以看出，在图形与几何维度上不同学校之间表现具有显著性差异，而在数与代数以及统计与概率维度上学校 A 与其余学校之间的表现具有显著性差异。

(三)子能力维度表现情况

1. 不同水平学生在数学建模子能力维度上的表现情况

从不同水平学生数学建模子能力维度得分的描述统计表(表 8-15)和不同水平学生数学建模子能力维度表现图(图 8-15)中可以看出，三个水平学生数学建模各子能力表现情况呈现出一个按水平高低逐渐递减的趋势。同时可以看出，不同水平在简化维度上的平均得分差异最小，在数学化与模型求解维度上的平均得分差异最大。上述情况说明所有水平的学生对于简化过程都具有一定的学习经验，其差异没有那么明显，而不同水平的学生对于数学化与模型求解子维度的表现情况差异尤为突出。由以上分析可以发现不同水平学生数学建模能力子能力维度表现之间具有差异性。

表 8-15　不同水平学生数学建模子能力维度得分的描述统计表

水平	人数		简化	数学化与 模型求解	解释	验证
水平一	330	平均得分	324.090 3	381.442 9	353.707 8	346.961 5
		标准差	23.198 25	46.516 67	24.597 04	16.912 34
水平二	562	平均得分	303.463 7	293.520 6	300.896 4	301.279 4
		标准差	25.282 1	49.212 95	38.675 9	28.131 56
水平三	330	平均得分	270.144 7	231.169 3	246.011 3	251.806 6
		标准差	29.450 27	38.363 67	32.062 48	25.770 22

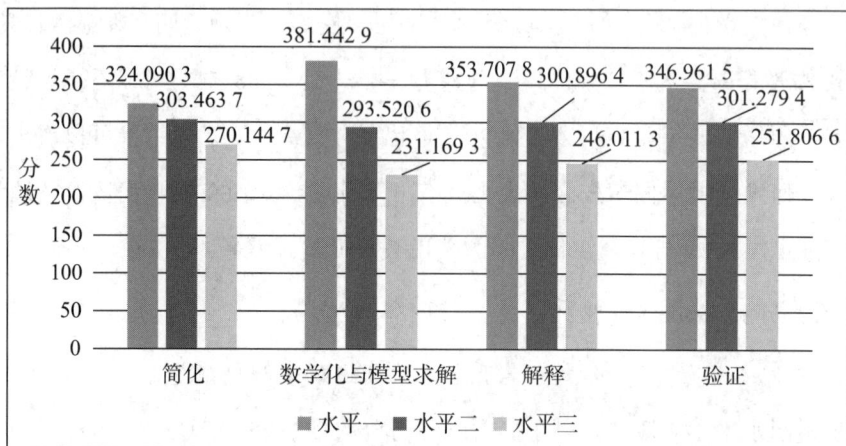

图 8-15　不同水平学生数学建模子能力维度表现图

　　为了进一步探究不同水平学生在各数学建模子能力上的差异是否显著，项目组进一步利用 Dunnett 方法对不同水平学生在子能力维度上的具体表现进行两两比较，结果如表 8-16 所示。

表 8-16　Dunnett T3 多重比较

水平	水平	简化维度均值差	数学化与模型求解维度均值差	解释维度均值差	验证维度均值差
水平一	水平二	20.626 62*	87.922 35*	52.811 32*	45.682 07*
	水平三	53.945 61*	150.273 60*	107.696 49*	95.154 82*
水平二	水平一	−20.626 62*	−87.922 35*	−52.811 32*	−45.682 07*
	水平三	33.318 99*	62.351 25*	54.885 17*	49.472 75*
水平三	水平一	−53.945 61*	−150.273 60*	−107.696 49*	−95.154 82*
	水平二	−33.318 99*	−62.351 25*	−54.885 17*	−49.472 75*

　　从表中可以看出，不同水平学生在不同子能力维度上的表现均存在显著性差异，水平一学生的表现优于水平二的学生，均值差在 20.63 到 87.92 之间，水平二学生的表现优于水平三的学生，均值差在 33.32 到 62.35 之间。从上述结果可以看出，不同水平的学生在数学建模子能力表现上均存在显著性差异。

2. 不同学校学生在数学建模子能力维度上的表现情况

从不同学校学生数学建模子能力维度得分的描述统计表（表 8-17）和不同学校学生数学建模子能力维度表现图（图 8-16）中可以看出，在简化、数学化与模型求解以及验证三个维度上学校 B 的平均得分高于学校 C 的平均得分，学校 C 的平均得分又高于学校 A 的平均得分，在解释维度上学校 C 的平均得分高于学校 B 的平均得分，学校 B 的平均得分又高于学校 A 的平均得分。同时可以看出，不同学校在简化维度上的平均得分差异最小，在数学化与模型求解维度上的平均得分差异最大。上述情况说明，简化过程在整个建模过程中往往是首要步骤，不同学校的学生对于简化过程都具有一定的学习经验。而不同学校的学生对于数学化

表 8-17　不同学校学生数学建模子能力维度得分的描述统计表

水平	人数		简化	数学化与模型求解	解释	验证
学校 A	431	平均得分	289.64	271.278 3	278.779 1	279.313 9
		标准差	35.963 39	58.268 87	47.213 83	37.103 43
学校 B	437	平均得分	308.846 3	321.541 8	311.216 7	313.258 5
		标准差	28.766 51	81.516 17	52.077 55	41.480 59
学校 C	354	平均得分	301.817 9	309.847 2	313.151 4	309.701 2
		标准差	29.863 32	62.545 13	48.762 29	41.739 14

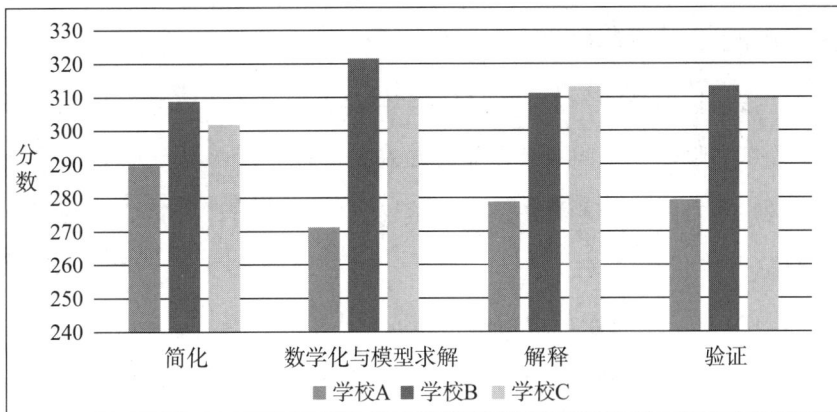

图 8-16　不同学校学生数学建模子能力维度表现图

与模型求解子维度的表现情况差异最为突出，而数学化与模型求解子能力是数学建模能力较为核心的子能力，差异产生的原因在于三所学校的办学水平不同，对学生数学建模能力的培养也有所不同。由以上分析可以发现不同学校学生数学建模能力子能力维度表现之间具有差异性。

为了进一步探究不同学校学生在各数学建模子能力上的差异是否显著，项目组进一步用 Dunnett 方法对不同学校学生在子能力维度上的具体表现进行两两比较，结果如表 8-18 所示。

表 8-18　Dunnett T3 多重比较

学校	学校	简化维度均值差	数学化与模型求解维度均值差	解释维度均值差	验证维度均值差
学校 A	学校 B	−19.206 37*	−50.263 47*	−32.437 52*	−33.944 65*
	学校 C	−12.177 93*	−38.568 86*	−34.372 26*	−30.387 34*
学校 B	学校 A	19.206 37*	50.263 47*	32.437 52*	33.944 65*
	学校 C	7.028 44*	11.694 61	−1.934 75	3.557 31
学校 C	学校 A	12.177 93*	38.568 86*	34.372 26*	30.387 34*
	学校 B	−7.028 44*	−11.694 61	1.934 75	−3.557 31

从表中可以看出，三所学校在简化子能力维度上的表现差异具有显著性，学校 B 的表现明显好于学校 C 的表现，学校 C 的表现明显好于学校 A 的表现，均值差在 7.03 到 19.21 之间。三所学校数学化与模型求解、解释与验证子能力的表现中学校 B 和学校 C 之间不存在显著性差异，而学校 A 与学校 B 以及学校 A 与学校 C 的表现之间存在显著性差异，学校 A 与学校 B、学校 C 的数学化与模型求解子能力均值差分别为 −50.26、−38.57，解释子能力均值差分别为 −32.44、−34.37，验证子能力均值差分别为 −33.94、−30.39。可以看出在数学化与模型求解子能力维度上的均值差明显高于在其他维度上的均值差。从上述结果可以看出，在简化维度上不同学校之间表现具有显著性差异，而在其余子能力维度上学校 A 与其余学校之间的表现具有显著性差异。

(四)情境维度表现情况

1. 不同水平学生在数学建模能力情境维度上的表现情况

从不同水平学生数学建模能力情境维度得分的描述统计表(表 8-19)和不同水平学生数学建模能力情境维度表现图(图 8-17)中可以看出,不同水平学生数学建模能力在情境维度上的四个子维度上的表现情况呈现出一个按水平高低逐渐递减的趋势。同时可以看出,不同水平的学生在社会维度上的平均得分差异最小,在科学维度上的平均得分差异最大。上述情况说明,科学情境离学生的生活较远,不同水平的学生都对在科学情境中进行数学建模较为陌生。但不同水平的学生对于科学情境的理解能力有所不同,水平一的学生在科学情境上平均得分超过了400,远超其他水平的学生。由以上分析可以发现不同水平学生数学建模能力情境维度表现之间具有差异性。

表 8-19　不同水平学生数学建模能力情境维度得分的描述统计表

水平	人数		个人	职业	社会	科学
水平一	330	平均得分	338.969 1	337.964 8	307.301 7	468.380 9
		标准差	15.974 26	30.544 33	15.863 59	63.480 26
水平二	562	平均得分	304.867	302.162	303.858 4	275.264
		标准差	28.450 19	28.327 83	17.496 32	104.367 03
水平三	330	平均得分	253.470 8	258.316	286.113 1	178.045 9
		标准差	23.624 57	27.618 64	17.917 33	61.145 45

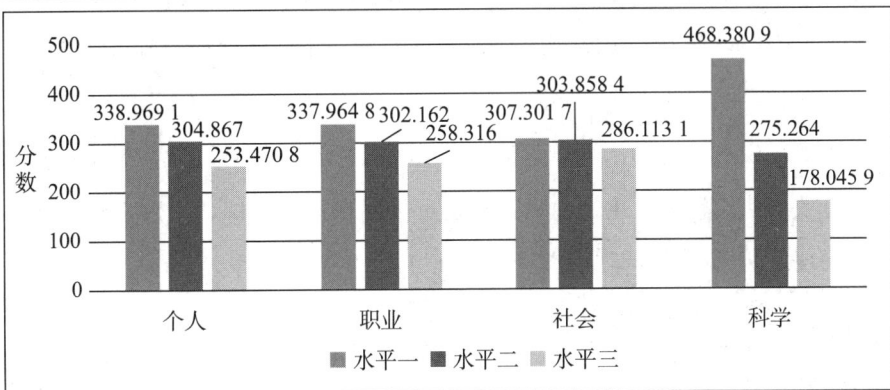

图 8-17　不同水平学生数学建模能力情境维度表现图

为了进一步探究不同水平学生在各数学建模能力情境维度上的差异是否显著，项目组用 Dunnett 方法对不同水平学生在情境维度上的具体表现进行两两比较，结果如表 8-20 所示。

表 8-20　Dunnett T3 多重比较

水平	水平	个人维度均值差	职业维度均值差	社会维度均值差	科学维度均值差
水平一	水平二	34.102 02*	35.802 80*	3.443 28*	193.116 90*
	水平三	85.498 22*	79.648 77*	21.188 57*	290.335 06*
水平二	水平一	−34.102 02*	−35.802 80*	−3.443 28*	−193.116 90*
	水平三	51.396 20*	43.845 97*	17.745 29*	97.218 17*
水平三	水平一	−85.498 22*	−79.648 77*	−21.188 57*	−290.335 06*
	水平二	−51.396 20*	−43.845 97*	−17.745 29*	−97.218 17*

从中可以看出不同水平学生在不同情境子维度上的表现均存在显著性差异，水平一学生的表现优于水平二的学生，均值差在 3.44 到 193.12 之间，水平二的学生表现优于水平三的学生，均值差在 17.75 到 97.22 之间。从上述结果可以看出，不同水平学生在不同情境维度下的表现均存在显著性差异。

2. 不同学校学生在数学建模能力情境维度上的表现情况

从不同学校学生数学建模能力情境维度得分的描述统计表（表 8-21）和不同学校学生数学建模能力情境维度表现图（图 8-18）中可以看出，三所学校学生数学建模能力在情境维度上的四个子维度上的表现情况均为：学校 B 的平均得分高于学校 C 的平均得分，学校 C 的平均得分又高于学校 A 的平均得分。同时可以看出，不同学校在社会维度上的平均得分差异最小，在科学维度上的平均得分差异最大。上述情况说明，科学情境离学生的生活较远，不同学校的学生都对在科学情境中进行数学建模较为陌生。由以上分析可以发现不同学校学生数学建模能力情境维度表现之间具有差异性。

表 8-21　不同学校学生数学建模能力情境维度得分的描述统计表

学校	人数		个人	职业	社会	科学
学校 A	431	平均得分	281.179 1	283.105 6	297.480 4	239.036 3
		标准差	37.778 55	36.501 92	19.219 64	113.977 57
学校 B	437	平均得分	310.818 3	312.158 3	303.373 9	337.563 9
		标准差	36.560 89	45.341 63	19.810 33	142.518 22
学校 C	354	平均得分	310.239 1	305.525 3	298.889 5	331.862 1
		标准差	38.125 55	33.325 35	17.784 67	133.113 77

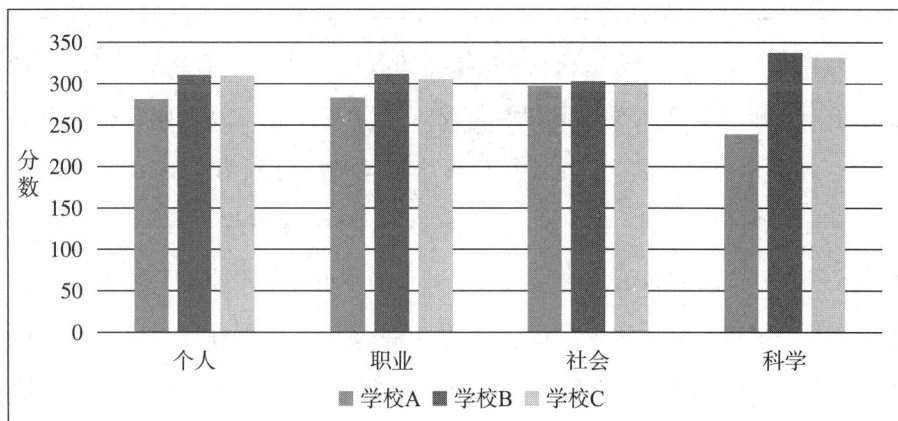

图 8-18　不同学校学生数学建模能力情境维度表现图

　　为了进一步探究不同学校学生在各数学建模能力情境维度上的差异是否显著，项目组利用 SPSS 中的单因素方差分析来比较不同学校学生子能力维度上的数学建模表现，方差齐性检验结果 p 均小于 0.05，这表明方差不齐性，不能使用单因素方差分析法。因此项目组进一步用 Dunnett 方法对不同学校学生在情境维度上的具体表现进行两两比较，结果如表 8-22 所示。

表 8-22　Dunnett T3 多重比较

学校	学校	个人维度均值差	职业维度均值差	社会维度均值差	科学维度均值差
学校 A	学校 B	$-29.639\,24^{*}$	$-29.052\,64^{*}$	$-5.893\,52^{*}$	$-98.527\,56^{*}$
	学校 C	$-29.059\,96^{*}$	$-22.419\,67^{*}$	$-1.409\,1$	$-92.825\,81^{*}$
学校 B	学校 A	$29.639\,24^{*}$	$29.052\,64^{*}$	$5.893\,52^{*}$	$98.527\,56^{*}$
	学校 C	$0.579\,28$	$6.632\,97$	$4.484\,42^{*}$	$5.701\,75$
学校 C	学校 A	$29.059\,96^{*}$	$22.419\,67^{*}$	$1.409\,1$	$92.825\,81^{*}$
	学校 B	$-0.579\,28$	$-6.632\,97$	$-4.484\,42^{*}$	$-5.701\,75$

三所学校在个人、职业以及科学维度上的表现中学校 B 和学校 C 之间不存在显著性差异，而学校 A 与学校 B 以及学校 A 与学校 C 的表现之间存在显著性差异，学校 A 与学校 B、学校 C 的个人情境维度均值差分别为 -29.64、-29.06，职业情境维度均值差分别为 -29.05、-22.42，科学情境维度均值差分别为 -98.53、-92.83。可以看出科学情境维度上的均值差明显高于其他维度上的均值差。在社会情境维度的表现上，学校 A 和学校 C 之间不存在显著性差异，学校 B 与学校 A 以及学校 B 与学校 C 的表现之间存在显著性差异。从上述结果可以看出，在社会情境维度上不同学校之间表现差异较为显著，而在其余情境维度上学校 A 与其余学校之间的表现具有显著性差异。

(五)学生数学建模能力试题的作答分析

以上呈现了学生数学建模能力的总体表现或者各维度表现，下面将以具体试题为例对学生的作答情况进行分析。项目组选择了测评试卷中的第 10 题来展开此部分的内容，此题在所有试题中得分率最低，但能对不同学生数学建模能力的表现情况进行有效的区分。

10. 在农场，农民通常把稻草捆成一个半径为1米的圆柱体稻草捆，如图1所示。农民现将六个稻草捆用图2所示的方式堆在一起。假设所有的稻草捆都是完全一样的，请你计算图2中草堆顶端的高度。

图1

图2

　　本题目在内容维度考查的是图形与几何，在子能力维度关注的是数学化与模型求解的子能力，其情境为职业情境。学生需要对本题中农民将稻草捆堆成一个稻草堆的情境进行理解，在假设每个稻草捆不形变的基础上，将稻草堆进一步数学化为数学模型，并对其进行求解。项目组在经过预测试、正式测试、反复对学生作答进行归类与编码、形成评价标准、评价标准复查的过程之后形成最终评价标准，其中本题目的具体编码情况（表8-23）以及学生作答编码分布扇形图（图8-19）如下。

表8-23 学生作答情况编码

代码	回答
	正确回答（4分）
40	$2+2\sqrt{3}$ m
	错误回答（3分，2分，1分）
30	列式正确，结果算错
20	$2\sqrt{3}$ 忘加 2 了
10	体现几何建模意识，有抽象成几何图形的过程，尝试用勾股定理
11	体现几何建模意识，有抽象成几何图形的过程，利用几何直观去算高（其他）
	错误回答（0分）
90	其他错误回答
	没有回答（0分）
0	空白

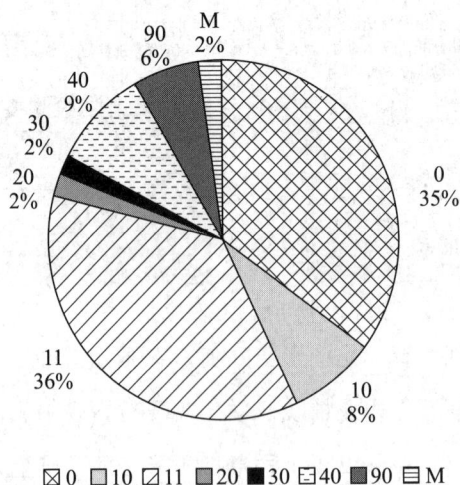

图 8-19　学生作答编码分布扇形图

图 8-19 中除 M 表示缺失值外，对各类作答编码的占比进行了呈现。可以看出，编码为 0 和 90 的人数共占 41%，因此本题有 41% 的学生没有得分，说明这部分学生没有对本题进行作答或者没有理解并找出本题的研究对象，缺乏基本的几何建模能力。编码为 11 的人数占 36%，这部分学生能够理解并找出本题的研究对象，但直接利用几何直观解题，认为所求高度为草捆直径的 2 倍、3 倍或者 2.5 倍，而没有依据几何图形之间的关系来进行数学建模，因此不具备基本的几何建模能力。编码为 10 的人数占 8%，这部分学生依据几何图形之间的关系进行数学建模，虽然构建的等边三角形错误，但此部分学生已经具备一定的几何建模能力。编码为 20、30、40 的人数共占 13%，这部分学生能依据几何图形之间的关系正确地进行数学建模，构建出边长为 4 的等边三角形，将草堆的高转化为等边三角形的高加上两个草捆半径，此部分学生具备良好的几何建模能力。从本题的作答情况可以看出，具备良好的几何建模能力的学生只占总体学生的 13%，而大部分学生不具备基本的几何建模能力。

第九章　教学改进案例成果

【本章提要】

在初中数学教学改进项目推进的过程中，项目组的核心教师开发了一系列指向发展学生核心素养的项目学习案例，类型涵盖周期为一周的单元项目学习案例与两三课时的微项目学习案例。本章主要呈现部分项目学习案例，包括郑州市朗悦慧外国语中学王林林老师开发的"设计运动会开幕式队形变换方案"单元项目学习案例，郑州市第三十七中学郭银鸽老师开发的"不规则停车场中的车位规划问题"微项目学习案例，以及郑州市高新区八一中学王思奇老师开发的"制作一个容积尽可能大的无盖长方体收纳盒"微项目学习案例。

一、单元项目学习案例：设计运动会开幕式队形变换方案①

【项目简介】

学校正在筹备秋季运动会。能否用平面直角坐标系的方式来设计运动会开幕式的队形变换方案呢？考虑到现实问题，结合正要学习的八年级中关于平面直角坐标系单元的教学内容，开发了以"设计运动会开幕式队形变换方案"为主题的项目学习。此项目最终成果是小组设计出有创意的运动会开幕式队形变换方案，并在设计过程中学习和运用平面直角坐标系的知识内容。

【驱动问题】

请学生以小组为单位，运用所学的平面直角坐标系的内容，设计一套有创意的运动会开幕式队形变换方案。

---

①案例提供者：郑州高新区朗悦慧外国语中学王林林老师。

【项目目标】

(一)核心概念

平面直角坐标系是数轴的发展，使点与坐标的对应关系顺利实现了从一维到二维的过渡。平面直角坐标系的建立使有序数对与平面内的点一一对应，提供了用代数方法来研究几何问题的重要数学工具。利用平面直角坐标系可以确定平面上点的位置；也可以用坐标表示图形的变换；还可以用坐标来确定平面上点的距离。

(二)素养目标

1. 学生在本项目的学习过程中，能够体会数学抽象、数形结合等数学思想方法，积累项目学习的活动经验，发展数学抽象、逻辑推理、直观想象等数学学科所要培养的核心素养。

2. 学生在本项目的学习过程中，能够体会用数学的眼光观察世界，用数学的思维思考世界，用数学的语言表达世界，提升数学素养。

3. 学生在小组合作的过程中，能够形成积极情感、态度和正确价值观，增强独立性、批判性、创造性与合作精神。

(三)课标要求的知识目标

1. 结合实例进一步体会"用有序数对可以表示物体的位置"。

2. 认识平面直角坐标系，了解点与坐标的对应关系；在给定的平面直角坐标系中，能根据坐标描出点的位置，能够由点的位置写出点的坐标。

3. 对给定的正方形，会选择合适的平面直角坐标系，能写出它的顶点坐标；体会"可以用坐标刻画一个简单图形"。

4. 能建立适当的平面直角坐标系描述物体的位置，体会平面直角坐标系在解决实际问题中的作用；在平面上能用方向和距离刻画两个物体的相对位置。

5. 在平面直角坐标系中，能用坐标表示平移；通过研究平移与坐标的关系，体会数形结合思想。

【项目成果】

随着项目的实施，学生分成小组，以"放缩与旋转""中国结""赵爽弦图""等边三角形"等为核心创意主题，独立设计运动会开幕式队形变换方案。每个小组都制作了 PPT（见附件示例），进行展示汇报，并对项目实施过程进行了活动反思与总结。

【项目实施过程】

单元教学设计	
单元学习主题	设计运动会开幕式队形变换方案

1. 单元教学设计说明

　　杜威强调，教学不应是直截了当地注入知识，而应引导儿童在活动中获得经验与知识。项目导向的教学设计正是依据杜威的这些思想。因此，在平面直角坐标系单元教学设计中，提出了对学生的思维具有一定挑战性的学习主题：学生以小组为单位，运用平面直角坐标系所学的内容，设计一套有创意的 40～60 人参与的运动会开幕式队形变换方案，且用坐标作为指令描述表演变换动作。

　　项目学习作为一种建构性的教与学方式，在精神内核上与《义务教育数学课程标准（2022 年版）》中提出的"三会"总目标高度契合。项目实施的不同阶段对学生核心素养的培养各有侧重：学生在发现和提出问题的过程中，可以锻炼用数学的眼光观察现实世界的能力；在分析和解决问题的过程中，可以培养用数学的思维思考现实世界的能力；在汇报展示项目成果的过程中，可以提升用数学的语言表达现实世界的能力。

2. 单元学习目标

　　(1)在实际生活情境中，感受有序数对在确定物体位置过程中的作用，会用有序数对表示物体的位置；

　　(2)经历类比数轴的学习过程，抽象平面直角坐标系的概念，渗透类比思想；能够描述平面直角坐标系的有关概念及它们之间的区别与联系；

　　(3)经历建立恰当的平面直角坐标系，描述开幕式队形所在的位置的过程，体会平面直角坐标系在解决实际问题中的作用；能用坐标表示平移和轴对称，通过研究平移、轴对称与坐标的关系，体会数形结合的思想，培养几何直观能力；

　　(4)经历设计运动会开幕式队形变换方案的过程，体会用数学的眼光观察世界，用数学的思维思考世界，用数学的语言表达世界，提升数学学科所需的核心素养；在小组合作的过程中，形成积极的情感、态度和正确价值观，增强独立性、批判性、创造性与合作精神。

3. 单元整体教学思路

　　本单元采用项目学习的方式，以学生生活中真实情境为例，让学生设计一套有创意的 40～60 人参与的运动会开幕式队形变换方案，以任务推进为明线，以知识发展为暗线。同时结合项目解决中所运用的数学知识，将用坐标表示平移的内容整合到本单元学习中来。

　　本单元共包括 5 课时。第 1 课时通过丰富的生活情境，体会用有序数对表示平面内物体的位置的必要性，并抽象出平面直角坐标系的概念；第 2、3 课时以如何用数学语言描述运动会开幕式队形变换方案为驱动问题，探究平面直角坐标系中用坐标表示轴对称和平移的方法；第 4 课时以小组为单位汇报本小组设计的运动会开幕式变换方案，并开展组间互评、组内互评及个人自评等多样化评价方式；第 5 课时进行单元总复习。

<table>
<tr><td colspan="2" align="center">课时教学设计</td></tr>
<tr><td>课题</td><td>第 1 课时　有序数对与平面直角坐标系</td></tr>
<tr><td rowspan="2">课型</td><td>新授课 ☑　　　　章/单元复习课□　　　　专题复习课□</td></tr>
<tr><td>习题/试卷讲评课□　　学科实践活动课□　　　其他□</td></tr>
</table>

1. 学习目标确定

(1)理解有序数对的概念，能够利用有序数对表示平面内点的位置。

(2)理解平面直角坐标系及相关概念，体会"平面直角坐标系内点与坐标是一一对应的"。

(3)在抽象概念并运用概念解决问题的过程中，体会具体到抽象、数形结合、类比等数学思想方法，积累概念学习的数学活动经验，发展数学抽象、逻辑推理、直观想象的数学学科所需的核心素养。

(4)能用平面直角坐标系解决简单的问题，能够根据小组设计的运动会造型，建立适当的平面直角坐标系，写出其中特殊位置点的坐标，体会用坐标刻画图形的过程，感受数学来源于生活，又服务于生活。

2. 学习活动设计

在课前，教师遵循组间同质、组内异质的原则，将班级同学分为 6～8 组，每组 6～8 人，每组推选一名学生担任组长。教师给学生布置小组作业：小组头脑风暴，以某一数学图形为核心主题，设计班级运动会开幕式方案。

教师活动	学生活动
环节一：情景引入，激发兴趣	
问题 1：我校计划在五一前举办春季趣味运动会，以下是某同学设计的运动会开幕式方案。你如何向你的家长介绍你在队伍中的位置？ 追问 1：同学 A，B 的位置可以如何表示？$(3，5)$ 表示的含义是什么？$(2，4)$ 和 $(4，2)$ 在同一个位置吗？ 教师给出有序数对的概念：我们把这种有顺	学生思考后发现，可以通过"第几列第几排"向家长描述位置。但是在此之前需标记第一列第一排的位置。 学生将每列抽象为竖向的直线，将每排抽象为横向的直线。学生标记第一列和第一排的位置，且在约定"列数在前，排数在后"后，可以用一组数对描述自己在队伍中的位置。 学生根据问题回答。

序的两个数 a 与 b 所组成的数对，叫作有序数对，记作 $(a，b)$。	
追问 2：你能再举出生活中用有序数对表示平面内点的位置的例子吗？	学生举出生活中利用有序数对确定平面内物体位置的例子，并在教师引导下分析所举事例。

活动意图说明：

由生活实例引入，说明确定物体的位置需要两个有顺序的数，激发学生的积极性和主动性。通过举例，让学生体会用两个数描述平面内物体位置的过程，使学生感受有序的必要性，加深对有序的理解，抽象出有序数对的概念。

环节二：抽象概括，形成概念

问题 2：在实际表演时，老师又向隔壁班借了一些学生，排成了如图所示的队形。在问题 1 标注的列数和排数的基础上，如何用有序数对表示同学 C 和同学 D 的位置？ 追问："当正数不够用时怎么办？" 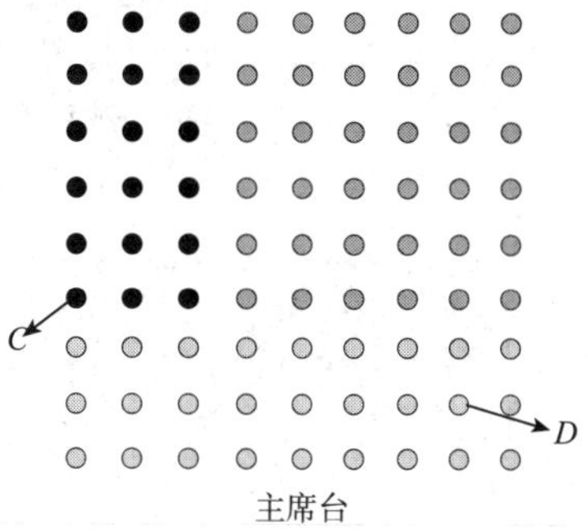 主席台	学生在教师追问下引入负数，继续标记这些纵横交错的直线。
问题 3：观察它是由什么组成的？这两条数轴的原点有什么位置关系？这两条数轴具有怎样的位置关系？ 教师引导：我们把其中两条作为基准，一条看作横向的数轴，另一条看作纵向的数轴。此时，列数对应的是横向数轴的坐标，排数对应的是纵向数轴的坐标，这两条数轴有公共原点且互相垂直。 从上述问题，逐步归纳出平面直角坐标系的定义以及 x 轴、y 轴、原点、象限等相关概念。	在教师引导下，学生完成平面直角坐标系抽象的过程，得到平面直角坐标系、x 轴、y 轴、原点的概念。

问题4： 在平面直角坐标系中，能用有序数对来表示点 A 的位置吗？ 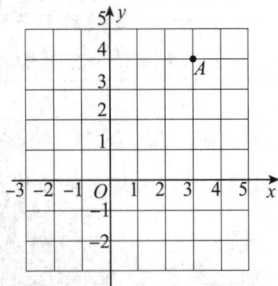	学生根据平面直角坐标系中求点坐标的方法作图，求点坐标，并总结步骤。

活动意图说明：

让学生在解决具体问题的过程中，自然而然地建立平面直角坐标系，并理解相关概念，培养学生在情境中抽象出数学概念的能力，积累从具体到抽象的活动经验。

环节三：辨析概念，深化概念

例1 在平面直角坐标系内，说出下列各点的坐标。 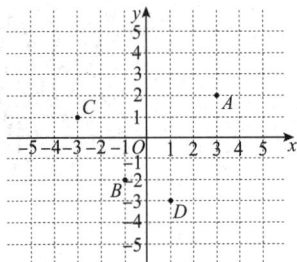 **小游戏：** 一位同学在图中描出一个点，另一位同学说出点的坐标。 **思考1：** 各象限的点的坐标分别有什么特点？ **思考2：** 请说出各点到坐标轴的距离，你从中发现了什么规律？ **例2** 在平面直角坐标系中，点 A，B，C，D 的坐标分别是什么？ 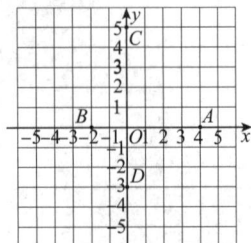	学生通过在平面直角坐标系中选取不同位置的点，观察其坐标中横纵坐标的取值情况，归纳不同位置点的坐标特征，点到坐标轴的距离与坐标的关系，总结出坐标平面内的点与坐标是一一对应的关系。

思考：坐标轴上的点的坐标分别有什么特点？ 例3 在平面直角坐标系中描出下列各点：$A(4,5)$，$B(-2,3)$，$C(-4,-1)$，$D(0,-3)$。 思考：平面直角坐标系内，点与有序数对(坐标)是什么关系？	

活动意图说明：

在巩固概念的同时，利用数形结合的方法，引领学生分析、解决问题，促进学生思维能力的发展，让学生体会归纳是学习数学的一种重要方法。

环节四：了解历史，文化育人

问题5： 平面直角坐标系是谁首先引入的？ 教师分享笛卡儿引入坐标系的趣味故事。	学生听故事，了解平面直角坐标系的历史。

活动意图说明：

通过"笛卡儿构建平面直角坐标系"趣味故事，让学生体会数学源于生活，又用于生活，学习数学家笛卡儿不懈探索、追求真理的精神。

环节五：应用练习，拓展提升

小组活动：选择本小组设计的运动会开幕式中的一个造型，建立恰当的平面直角坐标系，并写出几位同学所在位置的坐标。	学生小组合作，尝试建立平面直角坐标系，并写出给定点的坐标。

活动意图说明：

通过练习，巩固平面直角坐标系的有关概念，以及给定平面直角坐标系中的一个点，求点的坐标的方法。同时体会"选择不同的坐标原点建立平面直角坐标系时，同一点的坐标不同"这一事实。

环节六：归纳小结

回顾本节课的研究过程，回答以下问题： (1)本节课我们主要解决的问题是什么？ (2)我们是如何分析这个问题的？ (3)我们想到的解决办法是什么？ (4)在本节课中，我们具体学习的知识点有哪些？ (5)在学习的过程中，都用到了哪些数学思想方法？ 拓展提升：除了利用平面直角坐标系，你还有什么方法只用几个数就能标清点的位置？	学生和教师一起回顾本节课的研究思路、研究内容和研究方法。

续表

活动意图说明：

通过小结，帮助学生梳理本节课所学内容，回顾平面直角坐标系的学习过程，感受类比学习的一般方法的使用，掌握平面直角坐标系中点与坐标的一一对应关系，感受数形结合的思想。

3. 作业与拓展学习设计

(1)基础作业：5道基础题，巩固本节课所学知识点。

(2)小组作业：以小组为单位，结合本小组设计的运动会开幕式的所有造型，建立恰当的平面直角坐标系，并写出其中关键位置点的坐标。

(3)探究性作业：如图，在平面直角坐标系中，描出下列各点：$A(-3,2)$，$B(-1,2)$，$C(-1,-2)$，$D(1,2)$，$E(1,-2)$，$F(3,-2)$，$G(3,2)$。

①连接 AB，BC，再依次连接 D，E，F，G 四个点，描述平面内的图案。结合网格图，观察四边形 $DEFG$，探究线段 DE，FG 有什么位置关系和数量关系？线段 DE 和 EF 的位置关系？观察得到的图形，描述它的形状特征。

②已知①中四边形 $DEFG$，请另建立一个适当的平面直角坐标系，这时图形顶点 D，E，F，G 的坐标又分别是什么？①中得出的线段 DE，FG 之间的关系是否还成立？与同伴交流。

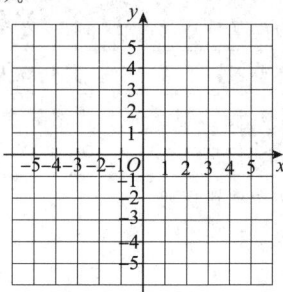

课时教学设计

课题	第2课时　用坐标表示轴对称		
课型	新授课☑	章/单元复习课☐	专题复习课☐
	习题/试卷讲评课☐	学科实践活动课☐	其他☐

1. 学习目标确定

(1)在平面直角坐标系中，理解关于坐标轴对称的两个点的坐标规律。

(2)能利用对称点的坐标关系，确定点的位置，画出一个图形的轴对称图形。

重点：理解关于坐标轴对称的两个点的坐标之间的关系。

难点：运用关于坐标轴对称的两个点的坐标规律，解决图形变换问题。

2. 学习活动设计

教师活动	学生活动
环节一：问题引入，激发兴趣	
问题1：图1是某同学设计的开幕式方案在第一象限中的部分。已知该方案的整体图案关于 x 轴、y 轴对称。已知 C 组组长所在位置的点的坐标是 $(5,4)$，你能写出其关于 y 轴对称的 A 组组长所在位置的点的坐标吗？	学生尝试画图，并写出 A、B、D 三组组长所在位置的坐标。

关于 x 轴对称的 D 组组长所在位置的点的坐标是多少？A 组组长与 B 组组长所在的位置关于 x 轴对称，则 B 组组长所在位置的点的坐标是多少？请在图中标注出 A、B、D 三组组长所在位置。

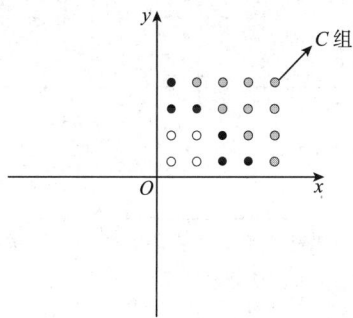

图 1

活动意图说明：

引导学生从特殊的点出发，通过画图、观察，探究关于坐标轴对称的两个点的坐标规律。

环节二：探究新知，总结规律

问题 2： 在平面直角坐标系中，关于坐标轴对称的两个点的坐标有什么规律呢？

(1)请在上图的 C 组中任意选几个点，画出它们关于 x 轴对称的点，并把它们的坐标填入表格中。

(2)观察表格，你能发现关于 x 轴对称的两个点的坐标有什么规律吗？请你利用所学知识说明这个规律的合理性。

(3)类比探究关于 y 轴对称的两个点的坐标规律。

归纳：

点 $(x，y)$ 关于 x 轴对称的点的坐标为 $(x，-y)$；

点 $(x，y)$ 关于 y 轴对称的点的坐标为 $(-x，y)$。

问题 3： 在图中，任选 1 个点 P，保持其横坐标不变，纵坐标乘 -1，将新的点记为点 P'，在图中画出 P'，观察点 P 与点 P' 之间的位置关系。再任意选几个点试试看，你能发现什么规律？

学生从点的对称入手研究图形对称后点的坐标；通过作图、观察、讨论等方式归纳出结论。

追问：若保持点 P 的纵坐标不变，横坐标乘－1，将新的点记为点 P''，在图中画出 P''，观察点 P 与点 P'' 之间的位置关系。再任意选几个点试试看，你能发现什么规律？ 归纳： 点 $(x，y)$ 与点 $(x，-y)$ 关于 x 轴对称； 点 $(x，y)$ 与点 $(-x，y)$ 关于 y 轴对称。	

活动意图说明：
引导学生发现并总结规律，探究归纳、类比的数学思想。

环节三：拓展探究

探究活动：如图 2 所示，三角形 $A'B'C'$ 是三角形 ABC 经过某种变换后得到的图形，分别写出点 A 与点 A'，点 B 与点 B'，点 C 与点 C' 的坐标，并观察它们之间的关系，如果三角形中任意一点 M 的坐标为 $(x，y)$，那么它的对应点 N 的坐标是什么？ 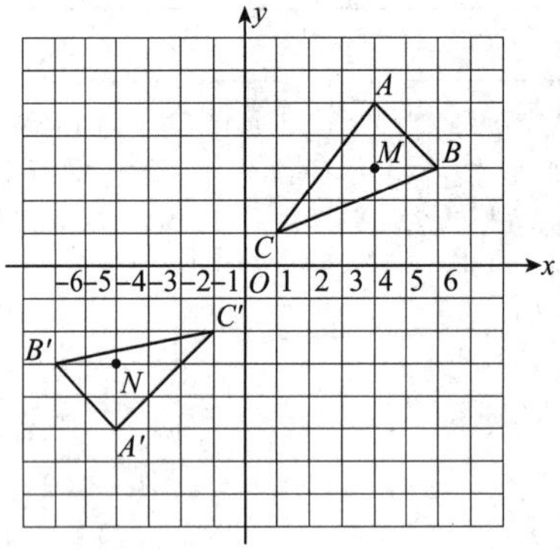 图 2	观察点的坐标之间的关系，得到规律，并运用规律写出点 N 的坐标。

活动意图说明：
通过自主探究坐标规律，获得成功的学习体验，建立学习的自信心。

环节四：应用练习

小组活动：以小组为单位，用坐标变化的方式描述方案中图形关于坐标轴对称变化的过程。	用坐标变化的方式描述方案中图形关于坐标轴对称变化的过程。

活动意图说明：
运用所学内容推进项目的设计，感悟数学在生活中的应用。

续表

环节五：归纳小结	
(1)关于坐标轴对称的点的坐标规律。 $P(x, y)\xrightarrow{\text{关于 }x\text{ 轴对称}}P'(x, -y)$ $P(x, y)\xrightarrow{\text{关于 }y\text{ 轴对称}}P''(-x, y)$ 数形结合 (2)在平面直角坐标系中作轴对称图形。 一般方法：点→线→图形。 关键在于运用坐标规律求特殊点的对称点的坐标。	学生和教师一起回顾本节课的研究思路、研究内容和研究方法。

活动意图说明：

通过梳理本节课所学知识，使学生明确图形变化与坐标变化之间的关系，体会数形结合的思想，便于建立知识结构。

3. 作业与拓展学习设计

(1)基础作业：5道基础题，巩固本节课所学知识点。

(2)小组作业：以小组为单位，用坐标变化的方式描述方案中图形对称变化的过程。

课时教学设计

课题	第3课时　用坐标表示平移		
课型	新授课 ☑ 习题/试卷讲评课 ☐	章/单元复习课 ☐ 学科实践活动课 ☐	专题复习课 ☐ 其他 ☐

1. 学习目标确定

(1)理解并掌握点或复杂图形在平面直角坐标系中的变化规律，体会平移变换与坐标之间的内在联系。

(2)经历图形坐标变化与图形平移的探究过程，发展形象思维能力和数形结合意识。

重点：体会平移变换与坐标之间的内在联系。

难点：运用点平移的坐标规律，解决图形变换问题。

2. 学习活动设计

教师活动	学生活动
环节一：问题引入，激发兴趣	
问题1：如图是某同学设计的开幕式方案，第一个造型(图3)向第二个造型(图4)变化的过程中，A、B 组同学向左移动，C、D 组同学向右移动。在移动的过程中，其小组成员位置的点的坐标有什么变化规律？	学生思考问题情境，尝试作答。

图3

F1组　F2组　F3组

A组、B组向左移动，C组、D组向右移动

图4

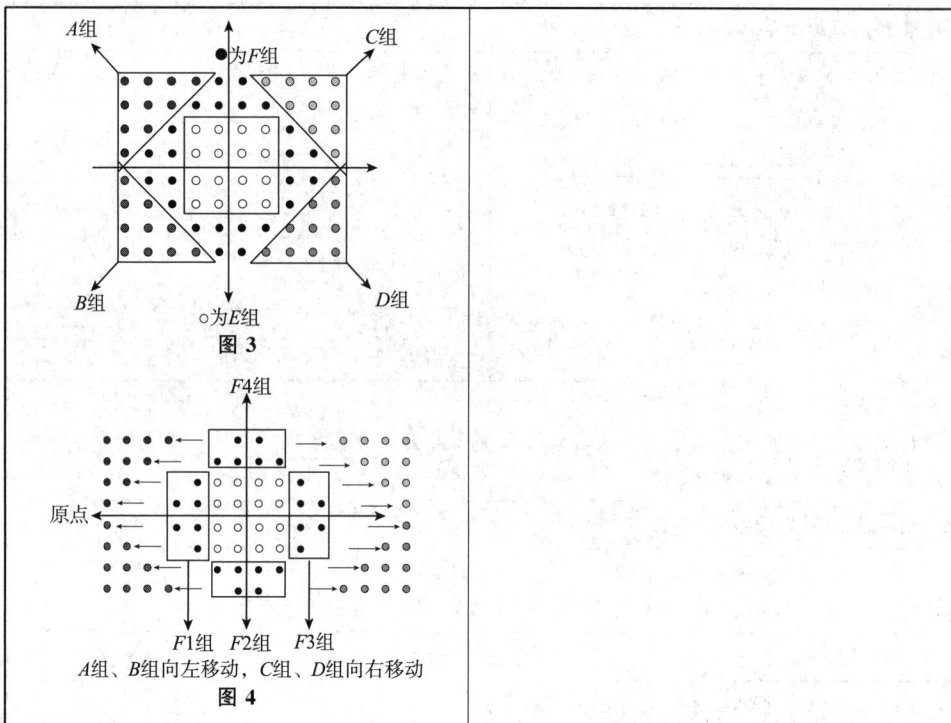

活动意图说明：

设计问题情境，引发学生思考。

环节二：探究新知，总结规律

问题2：以小组为单位，尝试类比"用坐标表示轴对称"的探究过程，设计探究路径，探究用坐标表示平移时，图形平移与坐标变化之间的规律。如果自主设计探究路径有困难，可以尝试思考以下问题，探究规律。 问题引导：如图是 A、B、C、D 四位组长所在的位置。 (1)队形中四个顶点（A、B、C、D）的横坐标都减 6，纵坐标不变，分别得到点 A_1、B_1、C_1、D_1，依次连接各点所得的新的队形 $A_1B_1C_1D_1$，与原队形 $ABCD$ 在大小、形状和位置上有什么关系？	学生自主设计研究路径，设计探究问题，或根据问题引导进行探究，得到研究结论。

(2)将队形中四个顶点(A、B、C、D)的纵坐标都减5，横坐标不变，分别得到 A_2、B_2、C_2、D_2，依次连接各点，所得新的队形 $A_2B_2C_2D_2$，与原队形 $ABCD$ 在大小、形状和位置上有什么关系？ 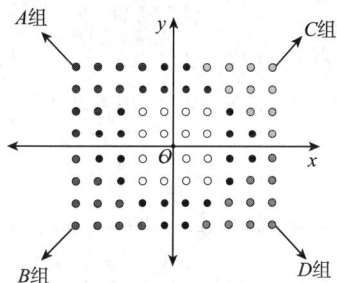 (3)如果将"横坐标都减6""纵坐标都减5"，相应地变为"横坐标都加3""纵坐标都加2"，分别能得出什么结论？画出得到的图形。 (4)如果将原队形的四个顶点的横坐标都减6，同时纵坐标都减5，能得出什么结论？画出得到的图形。	
归纳：在平面直角坐标系内，如果把一个图形各个点的横坐标都加(或减)一个正数 a，相应的新图形就是把原图形向右(或向左)平移 a 个单位长度；如果把它各个点的纵坐标都加(或减)一个正数 a，相应的新图形就是把原图形向上(或向下)平移 a 个单位长度。	学生观察、总结图形的平移与坐标变化的规律。

活动意图说明：
通过画图、观察等活动，让学生经历新知的形成过程；通过归纳和总结，培养学生归纳、类比的数学思想，学会学习。

环节三：拓展探究

问题3：以小组为单位，探究以下问题。 在平面直角坐标系中，将坐标为$(0，0)$，$(2，4)$，$(2，0)$，$(4，4)$的点用线段依次连接起来形成一个图案。根据下列不同的变化，画出得到的图形，并分析所得的图案与原图案相比有什么变化。	以小组为单位，画图、观察、讨论、总结归纳图形变化与坐标变化之间的规律。

(1)纵坐标保持不变，横坐标分别变为原来的 2 倍； (2)横坐标保持不变，纵坐标分别变为原来的 2 倍； (3)纵坐标保持不变，横坐标分别变为原来的 $\frac{1}{2}$； (4)横坐标保持不变，纵坐标分别变成原来的 $\frac{1}{2}$。	

活动意图说明：

通过对坐标问题的拓展，把学生的思维引领到更为广阔的领域，使学生更深刻领会坐标变化与图形变化的关系。同时，通过自主探究坐标规律，让学生获得成功的学习体验，建立学习的自信心。

环节四：应用练习

小组活动：以小组为单位，用坐标变化的方式描述方案中图形平移的过程。	用坐标变化的方式描述方案中图形平移的过程。

活动意图说明：

运用所学内容推进项目的设计，感悟数学在生活中的应用。

环节五：归纳小结

师生共同总结本节课所学内容：点平移的坐标规律。 (1)原图形向右(左)平移 a 个单位长度：($a>0$) 原图形上的点 $P(x,y)\xrightarrow{\text{向右平移 }a\text{ 个单位}}P_1(x+a,y)$ 原图形上的点 $P(x,y)\xrightarrow{\text{向左平移 }a\text{ 个单位}}P_2(x-a,y)$ (2)原图形向上(下)平移 b 个单位长度：($b>0$) 原图形上的点 $P(x,y)\xrightarrow{\text{向上平移 }b\text{ 个单位}}P_3(x,y+b)$ 原图形上的点 $P(x,y)\xrightarrow{\text{向下平移 }b\text{ 个单位}}P_4(x,y-b)$	学生和教师一起回顾本节课的研究思路、研究内容和研究方法。

活动意图说明：

通过梳理本节课所学知识，使学生明确图形平移与坐标变化之间的关系，体会数形结合的思想，便于建立知识结构。

3. 作业与拓展学习设计

(1)基础作业：5道基础题，巩固本节课所学知识点。

(2)小组作业：以小组为单位，用坐标变化的方式描述方案中图形平移的过程。完善小组设计的运动会开幕式变换方案，为下节课汇报交流做准备。

课时教学设计

课题	第4课时 　方案展示与交流		
课型	新授课☐	章/单元复习课☐	专题复习课☐
	习题/试卷讲评课☐　学科实践活动课☑		其他☐

1. 学习目标确定

(1)能够体会数学抽象、数形结合等数学思想方法，发展数学抽象、逻辑推理、直观想象等数学学科所需的核心素养。

(2)能够体会用数学的眼光观察世界，用数学的思维思考世界，用数学的语言表达世界，提升数学素养。

(3)在小组合作的过程中，能形成积极的情感、态度和正确价值观，增强独立性、批判性、创造性与合作精神。

重点：在项目学习的过程中，学会用数学的语言表达世界。

难点：在项目学习的过程中，能够增强个体的独立性、批判性、创造性与合作精神。

2. 学习活动设计

教师活动	学生活动
环节一：分小组展示交流	
各小组展示本组设计的运动会开幕式的表演方案，并分享其中运用的数学知识。其他小组进行提问交流，教师对学生作品给予适当点评。	各小组依次展示交流。

活动意图说明：

分享活动成果，增强获得感、成就感，促进小组间互相学习，增强组内同学间情感。

环节二：总结性评价	
发放评价表，让学生通过表格或者口头对自我、小组成员、其他小组进行评价。（评价表见附件）	通过表格或口头的方式进行评价。

活动意图说明：

通过评价，让学生学会反思与批判，增强思维的独立性、批判性。

续表

环节三：活动总结	
让学生发表活动感想，教师就本次项目学习做总结。	师生一起总结本次项目的学习和研究过程。

活动意图说明：
通过回顾本项目的实施过程，让学生感受数学既来源于生活，又服务于生活。

3. 作业与拓展学习设计

个人作业：请学生总结本次项目实施过程中个人的所得所思。
小组作业：根据教师和学生提出的修改建议，反思小组项目开展的过程及成品，小组长带领本小组成员进行总结，并对项目成品进行再次修改与完善。

【项目评价】

1. 项目成果的评价标准

运动会开幕式队形变换方案评价表

项目名称：				
班级：	被评小组：		指导教师：	
	评价标准	优秀	良好	待改进
科学性	图形准确合理，变换简便顺畅			
丰富性	尽量多地运用不同的数学知识			
创造性	图形富于变换、灵感和创新			
美观性	符合审美，给人以视觉享受			

2. 基于学习表现的评价标准

组间互评表

项目名称：		
班级：	被评小组：	评价小组：
请在下列你认为符合被评同学相应表现的地方打分		
项目	细则	评分
作品评价	科学性：图形准确合理，变换简便顺畅(15分)	
	丰富性：尽量多地运用不同的数学知识(15分)	
	创造性：图形富于变换、灵感和创新(10分)	
	美观性：符合审美，给人以视觉享受(10分)	

续表

项目	细则	评分
合作表现	同伴间能充分合作，汇报时分工明确(10分)	
	能对同伴的研究给予积极评价(5分)	
展示效果	研究成果展示形式适当(10分)	
	展示的作品生动有趣，能吸引人(5分)	
交流表达	能清晰准确地展示内容，语言简洁流畅(15分)	
	能尝试对同学的提问进行解答(5分)	
总分(100分)		

组内互评(自评)表

项目名称：					
组别：	被评者姓名：		评价人：		
请在下列你认为符合被评同学相应表现的地方打"√"					
评价方面	评价内容	优秀	良好	需努力	
参与态度	能积极参与小组合作学习				
	能努力完成小组分工的任务				
分享合作	善于倾听同伴的观点				
	能主动提出问题或想法				
	能与同伴一起讨论问题解决方案				
	乐于与同伴分享研究结果				
交流表达	能清楚地表达自己的观点				
	能对同伴的观点进行判断、分析、质疑				

【收获与反思】

经过本项目的教学实践，我深刻地感到项目学习有以下作用。

第一，项目学习能够提升学生学习的积极性和创造性。在项目的牵引下，学生的积极性、创造性被深度激发出来，真正成为一个主动的学习者，而不是被动的知识接受者。比如，各个小组利用周末在线上讨论设计方案，有的学生甚至熬夜到凌晨两点绘制设计草图。同时，学生会积极调动自己学习过的知识，来丰富设计方案。比如,第三组就把刚刚学过的"赵爽弦图"作为主要设计思路,该小组按照一步一动的原则,画出了 19 张动态变化图,让我叹为观止!

第二,项目学习有利于数学核心素养的培养。项目学习以真实的具有挑战性的生活问题为切入口,学生将有机会将真实的生活问题转化为数学问题加以分析和解决,这就提升了数学建模和数学抽象等核心素养;在分析和解决问题的过程中,学生需要用到大量的逻辑推理和数学计算,如在"等边三角形"的方案设计中,学生需要大量地计算含 60°角的直角三角形的边的长度,如此提升了学生推理能力和运算能力;项目学习最终以某个有形的作品呈现活动的成果,有些作品的产生需要进行数形结合和空间想象,由此,学生运用几何直观和空间想象的能力会不断增强。

第三,项目学习是实现深度学习的有效途径之一。在真实的、具体的、复杂的、具有挑战性的问题情境面前,简单的识记与复述知识显得无能为力。学生需要将真实的生活情境数学化,将复杂的问题分解为一系列简单的问题,在观察、分析、推理、运算、证明等过程中,综合运用所学的基本知识和基本技能,寻找解决问题的路径与方法,最终形成成果。在这个过程中,学生的学习方式由识记、复述知识走向更深层的思考——解释、思辨、推理、验证、应用,思维能力得以提高,最终形成核心素养,实现深度学习。

第四,项目学习有助于落实立德树人根本任务。项目学习的实施既是一次难忘的学习经历,也是一次难忘的团队协作,每个设计方案都集中了小组成员全体的心血和智慧。有人是灵魂主创,有人是细节把控者,有人是美工大师,有人是 PPT 高手。大家经过反复讨论、实践、再讨论、再修改,团队合作的意识增强了,团队合作的能力也增强了。特别是在作图阶段,工作量巨大而烦琐,每个小组都学会了分阶段、分任务。第一阶段,一部分人绘制基础坐标系,另一部分人细化方案草图;第二阶段,一部分人负责描点,书写变化指令,另一部分人开始制作 PPT 动画,大幅提升了效率。这种合作的意识和能力的培养,是传统教学过程中根本无法实现的。同时,设计方案的形成并不是一蹴而就的,需要根据实际情况进行反复的修正甚至推翻重来,在这个过程中,学生需要带着不断反思、批评与自我批评的眼光看待学习过程。项目学习有效促进了学生形成积极情感、态度和正确价值观，增强了学生独立性、批判性、创造性与合作精神。

附件　代表性学生作品

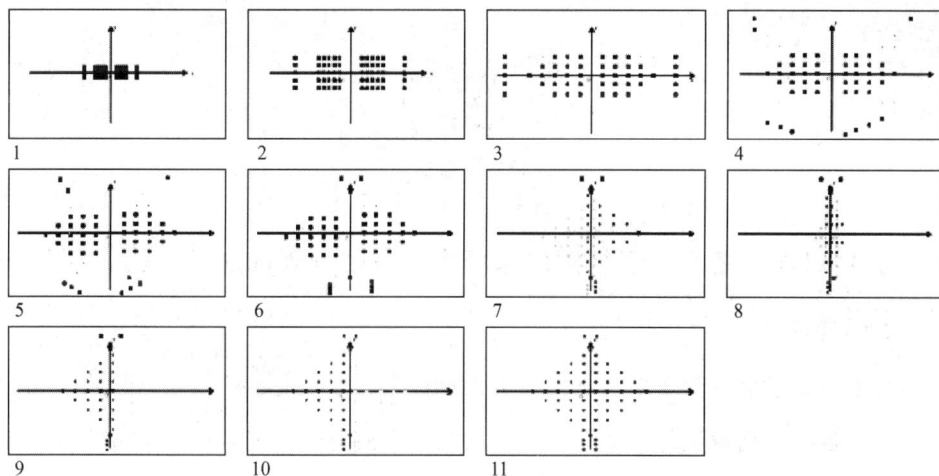

学生作品一

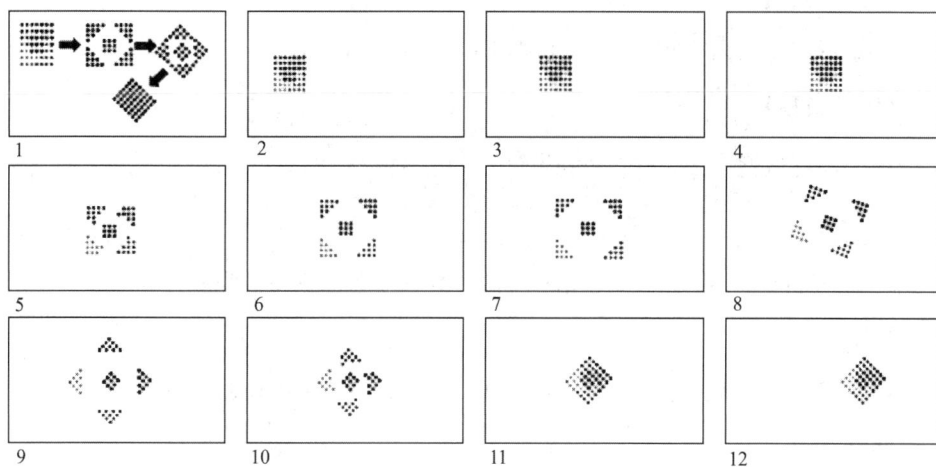

学生作品二

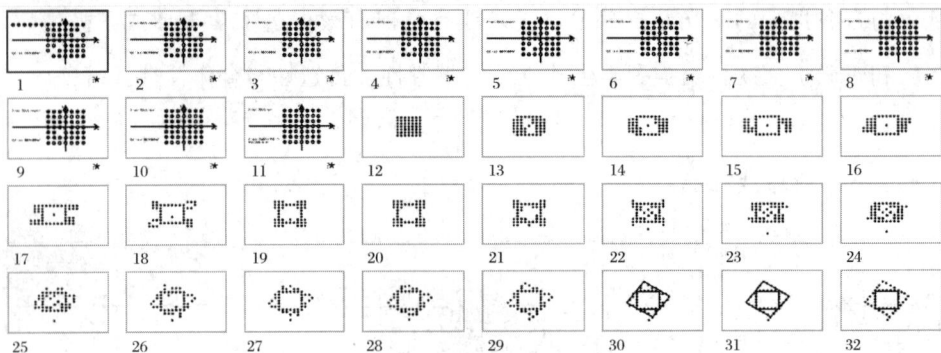

学生作品三

二、微项目学习案例：不规则停车场中的车位规划问题①

【项目简介】

随着经济发展，汽车数量不断增多，车位贵、停车乱、停车难已经成为当前社会的难题。如何解决停车难题，建设高品质生活空间的宜居城市，成为当前备受关注的话题。本项目要求学生实地调查校园停车现状，提出新校建设中停车位的设计方案。

【驱动问题】

在矩形停车场内合理设计新校区停车位。

【项目目标】

(一)目标依据

1. 核心概念：三角函数。

2. 素养目标：空间观念、几何直观、模型观念、应用意识。

3. 课程标准：

(1)探究并认识锐角三角函数($\sin A$，$\cos A$，$\tan A$)，知道30°，45°，60°角的三角函数值。

(2)会使用计算器由锐角求它的三角函数值，由三角函数值求它的对应锐角。

---

①案例提供者：郑州市第三十七中学郭银鸽老师。

（3）能用锐角三角函数解直角三角形，能用相关知识解决一些简单的实际问题。

(二)确定目标

1. 在平面停车位设计的实际情境中，能数形结合，用三角函数解直角三角形，培养空间观念和几何直观。

2. 能够把实际问题转化为数学问题，借助于计算器进行有关三角函数的计算，并对结果的意义进行说明，进一步体会三角函数在解决问题过程中的应用。

3. 通过组内、组间、师生间的互动，能在平面停车位设计的实际情境中，初步形成建模的意识，发展数学应用意识和解决问题的能力。

【项目成果】

设计方案、设计图。

【项目实施过程】

教学内容	通过设置平面停车位设计的实际情境，引导学生数形结合，用三角函数解直角三角形，让学生借助于计算器进行有关三角函数的计算，并对结果的意义进行说明，进一步体会三角函数在解决问题过程中的应用。		
所需材料	PPT、色卡纸、计算器。		
注意事项	1. 学生具备初步的模型思想，但不能将实际问题抽象为数学问题，教师需要简化模型，将实际问题变为矩形内排列车位的数学问题，并借助色卡纸学具，让学生经历摆放的过程。 2. 学生计算能力较差，而数据的错误会影响设计的准确性，因此需要提前准备计算器和三角函数值表，降低计算难度。		
学习环节	**活动过程**	**师生活动**	**设计意图**
课前准备	1. 校园停车场实地调查。 2. 查阅常见车位大小、车位排列方式等资料。	1. 校园停车场车位测量。 2. 有关小型客车停车位大小、排列方式的分享和数据的统一。	1. 通过查阅资料、实地测量，了解小型客车停车位的排列形式及标准尺度。 2. 对比不同停车方式的设计特征和优缺点。

学习环节	活动过程	师生活动	设计意图
创设情境，引入新课	1. 出示新校区蓝图。 教师给出新校区建设情境。 2. 展示学生调查结果。 展示学生观察旧校园停车场的照片。	分析旧校园停车问题。	选择生活中学生感兴趣的题材引入，提高学习热情。
活动1：设计校门口停车位	问题1：影响车位摆放的因素有哪些？ 1. 车位有哪些摆放形式？（仅就平面停车） 2. 斜角式停放数量与什么因素有关？ 平行式 斜角式 垂直式 问题2：矩形停车场最多能停多少辆车？ 已知 $AD=60$ m，$AB=9.4$ m，车位统一为长 6 m，宽 2.5 m 的矩形。注意：单排停车需要留出安全间距 3.5 m，双排停车需要留出安全间距 6 m。 1. 结合数据，用什么形式能安全停入车辆？若 $\theta=30°$，能否安全停入车辆？若 $\theta=45°$ 呢？（借助三角函数表值，保留两位小数）	教师提出驱动问题，学生回答问题1； 小组合作，动手操作，计算分析，表达展示，解决问题2。 具体过程： 1. 借助学具在大矩形停车场内摆放停车位，尝试各种可能性。 2. 通过学具操作，思考斜角式停车与什么因素有关；计算若 $\theta=30°$，能否安全停入车辆。类比计算 $\theta=45°$ 的情况。 3. 借助学具并通过计算，求出停车最多时，θ 的值。 4. 借助学具并通过计算，求出 $\theta=42°$ 时，最多能停多少辆车。	1. 借助学具摆放，直观感受斜角式与停车角度之间的关系。 2. 在让学生计算是否能安全出车时，有学生通过勾股定理计算，有学生通过三角函数计算，让学生比较两者计算的简便性，体会三角函数的简便性。 3. 在操作基础上，提高学生计算分析的能力，巩固利用三角函数解直角三角形的知识。帮助学生在实际情境中，建立函数模型，培养学生的建模意识。

学习环节	活动过程	师生活动	设计意图
	2. 停车最多时，θ 值为多少？ 3. $\theta=42°$ 时，最多能停多少辆车？ 4. 你能用含 θ 的式子，表示停放一辆车时所占的水平距离和竖直距离吗？		
活动2：设计校园其他停车位	问题：教学楼南侧停车场矩形 $ABCD$ 的长 AD 为 48 m，宽 AB 为 17.5 m，如何设计停车位呢？ 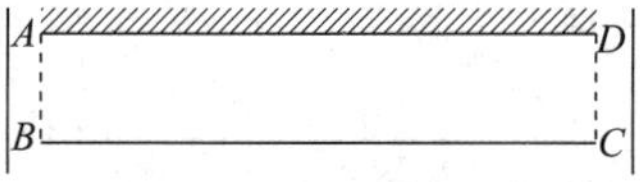	1. 回顾活动1解决步骤，类比解决活动2。 2. 以小组为单位，通过简单操作，考虑宽度变化后，车位的排列方式。	通过改变停车场宽度，使车位排列形式更多样，由此让学生进一步巩固用直角三角形的边角关系这一知识解决实际问题，提高学生的建模、转化能力。
活动3：课堂小结，作业布置	1. 畅谈本节课收获。 2. 完善校园停车场设计。	1. 从知识、方法、思想、情感上总结本节课收获。 2. 在教师的引导下，以小组为单位，查阅资料，结合其他学科设计合理方案。	1. 从课标出发，总结反思，强化新知，提升能力。 2. 让学生面对实际情境，利用三角函数及其他学科知识，进行合理设计。
成果展示与评价	呈现成果展示的具体操作要求。	以小组为单位，展示成果。	

【项目评价】

1. 项目成果的评价标准

项目成果的评价标准包括小组自评、小组互评和教师评价。

指标	标准	等级(ABC)
设计图纸	能清晰准确地画出或者摆出矩形停车场最多停车图示	
设计说明	1. 计算过程清晰准确 2. 有计算的简要说明，逻辑清晰	
设计延伸	1. 能对数据的合理性提出疑问 2. 能结合真实数据，思考停车的影响因素，参考资料规范	

2. 基于学习表现的评价标准

基于学习表现的评价标准包括小组自评和教师评价。

指标	标准	等级(ABC)
信息及数据处理	1. 能结合情境和数据认识到问题解决需要的核心知识和解决方法 2. 能对信息和数据进行计算分析，解决问题	
模型意识	1. 能通过操作和数值分析，猜想 θ 的值，会利用三角函数表值验证猜想 2. 在操作的基础上，能正确用函数表示第一辆车的水平和竖直高，建立函数模型	
小组合作	1. 分工明确，合作紧密，成员均有贡献 2. 能很好地利用在线工具进行合作	
交流展示	1. 表达简洁，逻辑清晰，能对其他同学的提问给出相应回答 2. 展示完整，算理明晰，能合理评价他人	
自我反思	1. 能进行有效自我反思，包含知识、方法、学习习惯等 2. 能对所学或者已有成果进行改进完善	

【收获与反思】

1. 未说明前置学生活动

前期学生对校园停车场进行了实地测量，在测量过程中对停车位排列方式和大小已有一定认识，并且通过查阅资料了解了停车位常见排列方式和标准尺寸。由于未进行说明，整个教学环节略显突兀，很多听课老师不明白学生摆放时的思路从何而来。

2. 问题设计指向性不够明确

本节课未直接点明是利用三角函数解决实际问题，学生在解答中利用勾股定理、推测演算的方式会耗费大量时间，由此造成知识线不明确，不便于学生顺利建模(突出体现在问题3中的特殊角计算上)；问题的设计没有抓住关键，使得学生在问题框架下亦步亦趋，未能体现学生探索的主要过程，需要精简问题，让学生主动构建解决问题的步骤。

3. 未平衡问题的严谨性和开放性

抽象出的斜角停车位与生活中实际的斜角停车位划线略有不同，本项目为了简化，只考虑停车位的摆放，未考虑停车线的划线方式，导致问题设计得不严谨。另外，停车位设计考虑的因素很多，没有给学生结合实际发表建议的空间。比如，如何规范停车、进入车，车位大小，等等。

三、微项目学习案例：制作一个容积尽可能大的无盖长方体收纳盒①

【项目简介】

随着社会的发展和居民生活水平的提高，人们对于空间利用和物品收纳的需求日益增长。无盖长方体收纳盒因其结构简单、使用方便而受到广泛欢迎。如何在有限的材料和经济成本下，制作出容积尽可能大的收纳盒，成为一个具有挑战性的问题。本项目通过让学生制作一个容积尽可能大的无盖长方体收纳盒，将数学知识与动手实践相结合，引导学生在问题解决中深入理解长方体的表面积和体积公式。通过对盒子长、宽、高的调整与计算，帮助学生体会用含有字母的式子表示体积的优势，提升学生的数学运算能力与数据处理能力，让学生学会运用模型思维来解决实际问题，激发学生对数学应用的兴趣，提升动手操作能力。同时，本项目还有助于提升学生的设计能力与成本意识。

【驱动问题】

制作一个容积尽可能大的无盖长方体收纳盒。设计合理方案，制作实际模型。

【项目目标】

1. 经历动手操作、代数式求值的计算过程，进一步丰富空间观念与符号感。

2. 通过收集和分析数据，推断事物变化的趋势，感受数量之间相依变化的状态和趋势，发展合情推理能力。

3. 体验从特殊到一般、分割逼近、极限的数学思想，通过建立模型解决问题。

【项目成果】

1. 制作一个容积尽可能大的无盖长方体盒模型。

2. 以小组为单位，撰写一份体现研究过程的课题报告(内容包括：小组成员

---

① 案例提供者：郑州高新区八一中学王思奇老师。

及分工、收纳盒制作的过程、研究容积最大的过程、我的反思、进一步想研究的问题）。

【项目实施过程】

教学内容	制作一个容积尽可能大的无盖长方体收纳盒。		
所需材料	正方形卡纸、剪刀、直尺、透明胶、计算器。		
注意事项	1. 学生制作盒子、计算数据环节花费时间较多，要留给学生充分的自主操作和探索的时间。 2. 在探究长方体盒子容积何时最大时，部分学生不知从何下手，要做到适时恰当的引导。		

学习环节	活动过程	师生活动	设计意图
课前准备	正方形卡纸、剪刀、直尺、透明胶、计算器。	教师发放课前准备工具，学生摆放好课前准备工具。	为上课做准备。
创设情境，引入新课	问题： 收纳盒在生活中很常见，早期考古队用来存放出土整理后的文物碎片，现在多用于盛放衣服、杂物、文具、书籍……老师为大家准备了一些边长为 40 cm 的正方形硬卡纸，剪刀，胶带。希望同学们制作一个容积尽可能大的无盖长方体收纳盒，用来盛放同学们的文具、衣物、玩具等物品。你能设计出合理方案，并制作出实际模型吗？	教师出示 PPT，提出项目问题，学生明确项目内容，开始探究。	创设与学生生活相联系的情境，激发学习兴趣，同时明确本节课目标，让学生知道本节课的任务。
活动 1：用一张边长为 40 cm 的正方形卡纸制作一个无盖的长方体收纳盒	问题引导： (1)你们是怎样剪的？怎样折的？ (2)折成的无盖长方体收纳盒的高与什么有关系？ (3)如果所折无盖长方体收纳盒的高为 h cm，如何用 h 来表示这个无盖长方体收纳盒的容积？	教师巡视学生如何动手制作无盖长方体盒子，并解答学生遇到的问题。各组拿出自己制作好的无盖长方体收纳盒，比较哪组同学制作的收纳盒的容积最大。	让学生经历用正方形纸片做无盖长方体收纳盒的过程，让他们对做成的收纳盒进行想象和观察，感受收纳盒的长、宽、高和原来的纸片的边长及剪去的小正方形的边长之间的关系，培养他们的空间观念。同时为下一环节做铺垫。

学习环节	活动过程	师生活动	设计意图
活动2：怎样制作一个容积最大的无盖长方体收纳盒	问题引导： (1)所折的无盖长方体收纳盒的容积与什么有关系？ (2)如果剪去的小正方形的边长为 x cm，x 的取值范围是什么？用 x 来表示这个无盖长方体纸盒的容积为_____。 (3)以小组为单位，两人操作计算，一人记录，一人发言，按要求完成以下问题：如果剪去的小正方形边长取整数值，从小到大依次变化，所得无盖长方体收纳盒的容积分别是多少？用表格和折线统计图表示你的结果。 剪去小正方形的边长/cm：1 2 3 4 5 6 7 8 9 10 容积/cm³： (4)观察表格和统计图，你发现了什么？当小正方形边长变化时，所得无盖长方体收纳盒的容积是如何变化的？当小正方形的边长取什么值时，所得无盖长方体收纳盒的容积最大？是多少？ (5)根据以上探究，当 $x=7$ cm 时，无盖长方体收纳盒的容积一定是最大的吗？改变剪去的小正方形的边长，你还能制作出一个容积更大的长方体收纳盒吗？ 用二分法分别取 x 为 6,6.5,7,7.5,8 时，计算折成的无盖长方体收纳盒的容积，用表格和折线统计图表示你的结果。（可以用计算器） (6)进一步将 x 的取值精确到小数点后一位，如果 x 取 6.1,6.2,6.3,6.4,6.5,6.6,6.7,6.8,6.9 时，计算折成的无盖长方体收纳盒的容积，用表格和折线统计图表示你的结果。（可以用计算器）	教师不断巡视课堂，观察发现学生的问题，有针对性地指导，适时恰当地引导。学生以小组为单位，合作交流，团结协作，抽象出数学模型，分析长方体体积与小正方形边长的变化关系，猜想原来正方形的边长与剪去小正方形边长之间的数量关系。	1. 体会将实际问题转化为数学问题的过程，体会建模的方法，为下一步分割逼近寻找最大值做准备。 2. 引导学生回顾前面两个阶段的活动经验，反思研究过程，引发学生对问题继续探究，进一步收集数据，对问题进行更深入的研究；鼓励学生用计算器，呈现更有说服力的变化情况，也便于学生发现规律，交流研究成果。

学习环节	活动过程	师生活动	设计意图
活动3：原来正方形的边长与剪去小正方形的边长满足怎样的关系时，体积最大	问题引导： (1)无盖长方体收纳盒的容积接近最大时，剪去小正方形的边长 x cm 与原正方形卡纸的边长 40 cm 有怎样的数量关系？ (2)你的猜想正确吗？改变原正方形卡纸的边长 a 的长度，验证你的猜想是否合理？	教师提出问题。学生猜想并验证。	引导学生用极限思维得出：在正方形的四个角上截取边长为 $\dfrac{a}{6}$ 的四个小正方形时，做出的无盖长方体盒子容积最大。
成果展示与评价	呈现成果展示的具体操作要求及评价标准。	教师、学生根据课堂表现情况进行评价。	学生可以通过成果展示及课堂评价进行反思，从而不断提升自我。

【项目评价】

项目成果及学习表现的评价标准

评价内容	评价标准	评分		
		自评	互评	师评
项目内容	能制作出规范的无盖长方体盒子(10分)			
	能正确表示出无盖长方体容积(10分)			
	能准确借助计算器完成表格数据，并画出折线统计图(10分)			
	通过小组合作，能猜想出原来正方形的边长与剪去小正方形边长的数量关系(10分)			
语言表达	语言精练(5分)			
	表达清晰(5分)			
	感染力强(5分)			
仪表形态	仪表端正(5分)			
	举止大方(5分)			
团队合作	配合默契(5分)			
	协调性强(5分)			
展示形式	积极展示(5分)			
	表现力强(10分)			
	体现小组精神面貌(10分)			
总分合计	总分(100分)			

【收获与反思】

本节选自北师大版数学七年级上册教材中的综合与实践内容，要求教师给学生更多的自主探索的空间和时间，要求学生有一定的综合运用知识解决问题的能力。在本次项目设计与实施过程中遇到了一些问题，首先是项目选取上，什么样的项目能与本课内容联系紧密？研究容积最大，开始想到的是制作无盖长方体培养皿，但经细致思考，制作培养皿的材料好找吗？是否有技术支撑可以制作培养皿？学生制作出培养皿后用途广泛吗？符合学生的生活实际吗？有了这么多疑问之后，又开始寻找新的项目。在进行项目学习课程学习时，专家指出，项目的立意要求真务实，要从学生的学科学习和社群生活层面与现实世界建立联系，要符合学生的生活实际，此外，选取项目要对学生或他人有价值、有意义。本着这样的原则，我开始融入学生的学习和生活中，坐在教室与学生一起上课，走进寝室了解学生的生活。在一次美术课上，我看到学生拿出五颜六色的卡纸做手工，在宿舍里我见到学生用小盒子分别盛放文具、袜子等。于是我想到，让学生做一个无盖长方体收纳盒，虽然这只是一个小项目，但对学生来说，不但贴近他们的生活，而且很实用。同时我相信，如果学生能把这个小项目很好地完成，类似的大项目，同样可以完成得很出色。于是我决定和学生开启这个项目——制作一个容积尽可能大的无盖长方体收纳盒。

其次，在上这节课时，很多学生在探究容积最大时，不知从何处下手，教师需要加以适当的引导，但如何引导？引导到什么程度？是将课题分解成一个一个的小问题？还是在课本的基础上不再增加引导问题？这是很难把握的，要根据学生实际情况来确定。第一次试课基本上是按照课本中的问题进行引导的，但效果不理想，很多学生没有完成本节课的任务，因此在第二次课中增加了一些引导问题，启发学生探索使容积最大的边长的值。

对学生来说，基于项目学习的综合实践课极具挑战性，但学生对此比较感兴趣，教师在教学中应立足于学生对问题的分析和对解决问题的理解，培养学生的数学意识。在教学中要及时发现学生思维的亮点，大加赞赏，调动学生的积极性，营造良好的学习氛围，还要设置悬念，引起学生兴趣，在学生探索问题时对学生的引导要随机应变，恰到好处。综合与实践课，在教学时的确很费时间，但是它对于培养学生的动手操作能力，培养学生创造性地解决问题和发现理论，作用非常大，教师要积极调动学生的参与度，尽可能地使学生在解决问题的过程中获得成就感，由此进一步激发学生学习数学的兴趣。

听完本节课，河北省特级教师正高级教师张老师在评课中指出，在开展综合实践活动时应注意：(1)考虑学生项目学习的阶段性和发展性；(2)考虑对学困生的关注；(3)教师的含蓄指导；(4)构建合理的、针对学生个人和小组的评价标准。项目学习往往具有持续性，要让学生带着问题来，又带着问题走。最后还要关注发展学生核心素养，正确的价值观念是育人＋学科；必备品格对应着专注力、毅力和合作意识等；关键能力包括思维能力、实践能力等。

经过此次项目改进提升观摩研讨活动，我受益匪浅，用项目驱动教学，关注学生学习的发展性，做到适时恰当地引导，这些都是我需要努力钻研的方向。我会认真落实到日常教学中，提升自我。